财政部2015年改革发展重大研究课题

公共部门注册会计师审计制度研究

——基于政府财务报告审计的思考

财政部会计司联合研究组　著

中国财经出版传媒集团
中国财政经济出版社

图书在版编目（CIP）数据

公共部门注册会计师审计制度研究：基于政府财务报告审计的思考：财政部2015年改革发展重大研究课题/财政部会计司联合研究组著．—北京：中国财政经济出版社，2016.7

ISBN 978-7-5095-6851-4

Ⅰ.①公…　Ⅱ.①财…　Ⅲ.①注册会计师-审计制度-研究-中国
Ⅳ.①F239.221

中国版本图书馆CIP数据核字（2016）第159923号

责任编辑：张若丹　　　　责任校对：李　丽
封面设计：智点创意　　　　版式设计：康普宝蓝

中国财政经济出版社出版

URL：http：//ckfz.cfeph.cn
E-mail：ckfz@cfeph.cn

社址：北京市海淀区阜成路甲28号　邮政编码：100142
营销中心电话：010-88190406
天猫网店：中国财政经济出版社旗舰店
网址：https：//zgczjjcbs.tmall.com
北京财经印刷厂印刷　各地新华书店经销
787×1092毫米　16开　11.25印张　180 000字
2016年7月第1版　2016年7月北京第1次印刷
定价：35.00元
ISBN 978-7-5095-6851-4/F·5508
（图书出现印装问题，本社负责调换）
质量投诉电话：010-88190744
打击盗版举报热线：010-88190492，QQ：634579818

财政部会计司联合研究组

研究组组长：高一斌

研究组副组长：邵　敏、刘光忠

研究组成员：

财政部会计司：王　宏、韩　冰、王　晶、冯翠平、邱　颖

中国注册会计师协会：唐建华、张　革、赵际喆

上海市财政局：顾宏祥、钟　恒、马玲萍

浙江省财政厅：江中亮、李雪萍、汤春莲

湖南省财政厅：杨海霞、高彩霞

广西壮族自治区财政厅：陈海涛、黄　菱、李　亮、蓝天龙

重庆市财政局：左良伦、张　铭

深圳市财政委员会：程　新、叶　汴

普华永道中天会计师事务所（特殊普通合伙）：

吴卫军、吴　蔚、孙晓悦、于　玮、丁　松

立信会计师事务所（特殊普通合伙）：

朱建弟、杨　雄、王　杨、王凤华、张　媛、高立瑜

天健会计师事务所（特殊普通合伙）：

胡少先、楼胜亚、沈颖玲、冯可棣、彭剑梅

大华会计师事务所（特殊普通合伙）：

梁　春、邬建辉、季　丰、敖都吉雅、何祚文、唐卫强

信永中和会计师事务所（特殊普通合伙）：

张　克、王仁平、侯黎明、宋振玲、陈　丹、夏　伟

天职国际会计师事务所（特殊普通合伙）：

陈永宏、康顺平、梁晓东、周百鸣、高　兴、李湘华

广西天华会计师事务所有限责任公司：

李　骅

建立健全公共部门注册会计师审计制度 促进国家治理体系和治理能力现代化

（代前言）

我国公共部门数量多、影响大、责任重，在经济社会发展中具有独特而重要的作用。正因为如此，公共部门，无论是国家机关、事业单位，还是非营利组织的透明度和公信力一直广受关注。2009 年 10 月，国务院办公厅转发财政部《关于加快发展我国注册会计师行业的若干意见》，要求“将医院等医疗卫生机构、大中专院校以及基金会等非营利组织的财务报表纳入注册会计师审计范围”。2013 年 11 月，党的十八届三中全会对推进政府会计改革提出明确要求。2014 年 12 月，国务院批转财政部《权责发生制政府综合财务报告制度改革方案》，要求在 2020 年前建立具有中国特色的政府会计准则体系和权责发生制政府综合财务报告制度，建立健全政府财务报告审计和公开机制。2015 年 10 月，国际会计师联合会（IFAC）在向 20 国集团峰会的建议书中表示，公共部门财务管理不力、政府透明度和问责不足仍然是很多国家面临的重大问题；高质量、及时、经过独立审计的公共部门权责发生制财务报告以及政府财务状况、绩效、预算等信息公开是重要的应对举措。因此，大力发挥注册会计师在强化我国公共部门审计监督、提升公共部门透明度和公信力中的积极作用，已经成为一项十分重要而迫切的任务。

财政部党组高度重视公共部门注册会计师审计理论研究和制度建设。2015 年 4 月，财政部批准将“公共部门注册会计师审计制度研究”作为财政改革发展重大研究课题，由财政部会计司牵头负责研究工作。财政部会计司随即成立了由中国注册会计师协会、上海市财政局、浙江省财政厅、湖南省财政厅、广西壮族自治区财政厅、重庆市财政局、深圳市财政委员会、普华永道中天会计师事务所（特殊普通合伙）、立信会计师事务所（特殊普通合伙）、天健会计师事务所（特殊普通合伙）、大华会计师事务所（特殊普通合伙）、信永中和会计师事务所（特殊普通合伙）和天职国际会计师事务所（特殊普通合伙）组成的联合研究小组，共同开展课题攻关。在 8 个多月的研究历程中，联合研究小组以高度的责任感和使命感克服时间紧、任务重、领域新、挑战大等困难，分工合作、密切配合、奋力攻坚，按期完成了研究任务，形成了《公共部门注册会计师审计制度研究——基于政府财务报告审计的思考》。

研究报告分为两部分：第一部分为研究报告概要，这是对研究成果的高度概括。第二部分按 10 个专题对研究内容作了全面系统的阐述，分析论证了构建我国公共部门注册会计师审计制度的重要意义，研究比较了世界主要经济体实施公共部门注册会计师审计的做法经验，归纳总结了我国在行政事业单位、医院、高校、非营利组织等领域试点注册会计师审计的有关情况，在此基础上，重点就构建我国公共部门注册会计师审计制度涉及的法制建设、审计内容、经费保障、结果运用、标准建设、人才建设、关系协调等问题展开了深入研究，提出了对策建议。

在对国际、国内探索推进公共部门注册会计师审计进行认真总结、科学分析的基础上，研究报告提出，建立与实施公共部门注册会计师审计制度是深化财税体制改革、健全现代国家治理体系的迫切需要，是推动政府会计改革顺利实施的重要保障，是规范地方政府债务管理、有效防范财政风险的重要举措，是提升公共部门透明度和公信力的必然选择，也是完善公共部门监督体系的内在要求。研究报告对建立与实施公共部门注册会计师审计制度重要意义的分析论述，有利于统一思想、凝聚共识、增强合力，为在2016年和2017年扩大公共部门注册会计师审计试点提供有力支持，确保按国务院要求在2018～2020年间建立健全政府财务报告审计和公开机制。

总之，该研究报告具有较强的前瞻性、原创性、指导性和操作性，填补了我国在这一领域的研究空白，在全球同一领域也处于前沿地位。我们相信，该研究报告及其提出的对策建议必将为建立健全我国公共部门注册会计师审计制度提供有益参考和直接推力，必将在强化公共部门审计监督、促进国家治理体系和治理能力现代化进程中显现出值得珍视的理论价值和实践意义。

恳请所有关心、支持公共部门建设和注册会计师行业发展的专家、同仁们共同思考、共同探索，献计献策、助力完善。

财政部会计司联合研究组

2016年6月

目录

CONTENTS

第一部分

THE FIRST PART

研究概要

作为国家治理的重要方面，公共部门[①]的规范高效运行对促进经济增长和维护社会稳定至关重要。国际会计师联合会（IFAC）在向2015年20国集团（G20）峰会的建议书中表示，公共部门财务管理不力、透明度和问责不足仍然是很多国家面临的重大问题，制定高质量、及时、经过独立审计的公共部门权责发生制财务报告是应对这些问题的重要举措之一。2013年11月，党的十八届三中全会明确要求建立权责发生制的政府综合财务报告制度。2014年12月，国务院批转财政部《权责发生制政府综合财务报告制度改革方案》，提出在2020年前建立具有中国特色的权责发生制政府综合财务报告制度，建立健全政府财务报告审计和公开机制。由于现行政府审计以财政财务收支的真实、合法和效益为重点，侧重财政收支的合规性审计，审计力量和资源也有限，难以满足政府综合财务报告审计的需求。特别是地方政府发债等审计，涉及对地方政府资产负债"家底"状况、收入费用和现金流量等情况的鉴证，如果由政府审计机关实施审计，难免会削弱发债事项的公正性和公信力。注册会计师作为独立的第三方监督力量，既具备开展权责发生制财务报告审计的丰富经验和人才队伍，又具有较强的独立性，引入注册会计师开展公共部门财务报告审计对于深化财税体制改革、完善国家经济监督体系、提高公共部门透明度和促进国家治理能力现代化等具有重要意义。

① 本研究中的公共部门是指根据法律和国家授予的公共权力，以公共利益为目标，运用公共资源管理社会公共事务、提供公共产品或服务的行政机构、立法机构、司法机构，以及关系公共利益、提供公共产品或服务的公益类事业单位和非营利组织。

一、实施公共部门注册会计师审计制度的重要意义

第一，建立公共部门注册会计师审计制度是深化财税体制改革、健全现代国家治理体系的迫切需要。党的十八届三中全会明确提出要深化财税体制改革、建立现代财政制度，实施全面规范、公开透明的预算制度。由注册会计师对公共部门财务报告进行审计，有利于公共部门强化财务和成本管理，提升运行绩效，而且根据审计结果对下年度预算编制与安排作出必要调整，有利于提高预算编制的科学性，促进公共资源合理有效配置，从而进一步规范政府行为和提高政府决策能力，促进国家治理能力现代化。

第二，建立公共部门注册会计师审计制度是推动政府会计改革顺利实施的重要保障。政府会计改革的四大主要任务包括建立健全政府会计核算体系、政府财务报告体系、政府财务报告审计和公开机制以及政府财务报告分析应用体系。引入注册会计师对政府财务报告开展第三方独立审计，不仅是政府财务报告审计和公开机制建设的重要内容，而且可以促进政府建立健全会计核算体系，推动政府会计准则和会计制度有效执行，确保政府财务报告分析利用数据的真实性和准确性，切实保障政府会计改革顺利实施。

第三，建立公共部门注册会计师审计制度是规范地方政府债务管理、有效防范财政风险的重要举措。修订后的《预算法》允许地方政府在严格的条件下自行发行债券。作为发债主体，地方政府应根据权责发生制的会计核算方法确认、计量、记录、报告地方政府财务状况和运行情况，全面完整和规范披露地方政府财务、债务等信息。引入注册会计师开展财务报告审计，有利于准确反映地方政府的财务状况，充分揭示地方政府的直接和间接债务信息，有效满足债权人等利益相关方对发债主体的信息需求，为政府债务管理提供更加准确、全面、完整的基础信息，约束政府举债行为，有效防范财政风险。

第四，建立公共部门注册会计师审计制度是提升公共部门透明度和公信力的必然选择。当前，我国公共部门在财务管理、内部控制、信息公开等方面还存在一定不足。由注册会计师对公共部门的财务报告进行第三方独立鉴证，并建立常态化的财务信息公开机制，有助于提高公共部门的透明度和公信力，满足各级人大及其常委会、社会公众等全面、准确、及时了解公共部门财务信息的需求，也有利于建立公众对公共部门的信任机制，提高依法行政的效率效果，

进一步推进转变政府职能、建设服务型政府的改革目标。

第五，建立公共部门注册会计师审计制度是完善公共部门监督体系的内在要求。现阶段，我国公共部门审计监督体系尚不健全，政府审计机关主要侧重对公共资金、国有资产、国有资源和领导干部经济责任的审计监督，内部审计尚未全面有效开展。引入注册会计师审计，有利于进一步完善公共部门监督体系，促进政府审计、内部审计和注册会计师审计形成合力；有利于发挥注册会计师的专业优势和激发市场活力，符合政府监管职能在一定范围内让渡于社会组织的改革方向；有利于缓解政府审计机关的压力，促进其将有限资源配置到国家治理中更宏观、更具战略意义的领域。

二、实施公共部门注册会计师审计的国际经验

近年来，为优化公共部门治理并提高其透明度，越来越多的国家和地区引入注册会计师审计制度，为强化预算财务管理、债务风险管理、宏观政策研究和追责问责等提供了有力支持。通过对美国、英国、加拿大、德国、俄罗斯、澳大利亚、日本、新加坡和中国香港特区实施公共部门注册会计师审计有关情况的系统梳理和分析研究，可以归纳出以下特点和启示：

第一，注册会计师广泛参与公共部门审计是大势所趋。在英国和美国，中央（联邦）政府主要由国家审计机关审计，地方政府以及高等学校、医院等非营利组织主要依靠注册会计师审计；新加坡、中国香港等则采取政府部门主要由审计机关审计、其他公共部门主要由注册会计师审计的模式；澳大利亚和加拿大的公共部门通常由国家审计机关主审，但大量通过政府购买服务聘请注册会计师参与和协助，不少审计项目中政府审计与注册会计师审计的力量配比达到三七开；法国、加拿大还存在政府审计机关与注册会计师联合审计的模式，即双方联合实施审计、联合签发审计报告。总的来看，注册会计师广泛参与公共部门审计已经成为大势所趋并日益发挥重要作用，究其原因，主要有二：一是政府审计力量难以满足日益增长的公共部门审计需求；二是社会公众对提高公共部门透明度和改进监督方式的要求更为迫切。

第二，建立健全法规体系是注册会计师开展公共部门审计的重要基础。前述国家和地区普遍制定了关于公共部门审计的法律法规，主要包括两方面：一是针对公共部门财务管理活动的法规，主要明确公共部门财务信息的编制责任

和法定审计要求；二是针对公共部门审计活动的法规，主要规范公共部门审计执行者的权利和义务，保障审计活动依法依规进行。这两类法规相互联系、互为补充，确保公共部门审计有法可依、有规可循、有效实施。与国家审计机关相比，注册会计师地位相对弱势，因此，需要确保公共部门审计的立法高度，为注册会计师独立开展审计工作提供有力的法律支撑。

第三，财政预算是公共部门注册会计师审计的主要经费保障形式。从所研究的国家和地区来看，无论是注册会计师独立开展公共部门财务报告审计，还是通过政府购买服务形式接受国家审计机关或其他监管机构委托实施预决算、项目评审、绩效评价、经济责任等特定事项审计，其审计经费主要由财政预算保障。其中，前者一般列入被审计单位的预算，后者一般列入国家审计机关等服务购买方的预算。在收费标准方面，大多数国家由会计师事务所与委托单位在市场化原则下自主协商，一般比私营部门审计收费标准低 30%。

第四，选聘机制是公共部门注册会计师审计有效实施的重要因素。独立性是高质量审计的重要前提。为确保选聘过程公开公正、标准统一，提高审计师的独立性，英国于 2014 年通过了《地方审计和责任法案》，由独立的法定机构统一负责地方政府和医疗机构的审计师选聘和审计费用安排。美国虽然一般由被审计单位自行委托，但建立了有效的内部监督制约机制。此外，在选聘过程中，不少国家采取公开招标方式，其好处是可以提高竞争性、降低审计费用，但频繁的招标和审计师轮换会影响审计经验积累，增加公共部门的负担。因此，在推进公共部门审计制度初期应考虑引入中长期合作模式，如澳大利亚国家审计机关与会计师事务所一般签订 5 年的服务合约。

第五，公共部门审计结果运用应区别情况稳妥、慎重推进。公共部门审计目标具有多样性的特点，应当根据审计目标任务要求，区别对待审计结果的运用和公开。以美国为例，按照《单一审计法案》开展的财务报表及内部控制审计，其主要目的是增强联邦政府资金使用的透明度和接受公众监督，审计结果大多向社会公众公开，而绩效评价的主要目标是考核相关部门的绩效或解决某些具体问题，其报告使用者一般为国会等权力机构或其下设的监督机构，因此，公共部门审计结果运用要结合审计目标，合理确定审计结果是否公开、如何公开以及公开范围，同时，要规范审计结果的汇报机制和汇报层级，确保审计结果得到合理运用，避免误读误用。

第六，公共部门注册会计师审计的技术标准应与时俱进。当前，世界上很多国家和地区致力开展公共部门会计核算和财务报告体系改革，整体上呈现出向权责发生制综合财务报告转变的趋势。相应地，各国也在积极推动与会计准则体系相适应的公共部门审计标准建设。从理论层面看，各国现行的注册会计师审计准则通用于各类财务报表审计；从实践层面看，多数国家的注册会计师在执行公共部门财务报表审计时遵循与企业审计相同的准则。美国虽然制定了专门的政府审计准则，但该准则很大程度上引用了企业审计准则的内容。当然，由于公共部门在业务性质、会计标准以及财务报告编制框架等方面具有一定特殊性，英国等也制定了专门的公共部门审计实务指引，对公共部门审计中应注意的特殊事项作出规范和指导。

第七，推行公共部门注册会计师审计应高度重视人才培养。实践表明，注册会计师参与公共部门审计的范围越广、程度越深，对注册会计师的综合素质和专业能力要求越高。总的来看，多数国家和地区对从事公共部门审计业务的审计师没有额外的资质要求，但在审计师选聘过程中，都非常注重考核注册会计师对公共部门经济业务的掌握情况及相关执业经验。美国等部分国家在注册会计师考试和继续教育中，增加了政府会计准则和政府审计准则的相关内容。此外，公共部门自身建立并执行良好的内部控制制度，不断提升财务人员的专业素养，认真履行财务报告编制责任，也是高效实施公共部门审计的重要基础。

第八，注册会计师审计与政府审计、内部审计应分工协作。从所研究的国家和地区来看，注册会计师参与公共部门审计包括独立出具审计报告、分包承接部分审计工作以及与国家审计机关联合审计等多种模式。但不管采用哪种模式，注册会计师审计与政府审计都有明确的范围和责任分工，两者是相互补充、相互促进的关系。例如，国家审计机关重在对公共部门预算编制和预算执行情况实施审计，主要揭示财政资金使用管理的合法合规性；注册会计师重在对公共部门资产负债表、收入支出表、现金流量表等财务报表实施审计，主要揭示财务报告的真实可靠性。此外，注册会计师审计还可以在一定范围内利用内部审计的工作，反向促进和强化内部审计职能的发挥。

三、我国推进公共部门注册会计师审计制度的初步实践

（一）基本情况

2009 年 10 月，国务院办公厅转发财政部《关于加快发展我国注册会计师

行业的若干意见》（国办发〔2009〕56号，以下简称国办56号文件），提出“将医院等医疗卫生机构、大中专院校以及基金会等非营利组织的财务报表纳入注册会计师审计范围”。在名噪一时的“郭美美事件”发生后，2011年12月，财政部、民政部迅速发布《关于进一步加强和完善基金会注册会计师审计制度的通知》（财会〔2011〕23号），明确将基金会年度财务报告审计、离任和换届审计、重大项目专项审计纳入注册会计师审计范围。2015年2月，民政部、财政部发布《关于规范公益性社会组织年度财务审计工作的通知》（民发〔2015〕47号），将注册会计师审计进一步扩展到在民政部登记的所有社会组织。

在地方政府层面，上海市率先探索实施公共部门注册会计师审计制度。2010年12月，上海市财政局印发《上海市市级事业单位年度财务会计报表和部门决算报表注册会计师审计暂行办法》（沪财会〔2010〕76号），要求“2010年选择医疗卫生机构、大中专院校等部分单位率先试点，从2011年起将实施范围逐步扩大到使用财政性资金的事业单位”。截至2015年年底，我国已有14个省市（天津、山西、内蒙古、黑龙江、上海、江苏、江西、山东、湖北、湖南、海南、四川、贵州、深圳）将医疗卫生机构财务报表纳入注册会计师审计范围，10个省市（山西、黑龙江、上海、福建、山东、海南、四川、贵州、陕西、深圳）将大中专院校财务报表纳入注册会计师审计范围。

（二）取得的积极成效

第一，揭示出公共部门财务管理等方面的突出问题。以上海市为例，在2011～2012年实施市级事业单位年度财务报表和部门决算注册会计师审计期间，平均每投入1元审计费用，查出问题金额878元。具体来看，2011年和2012年审计的单位户数分别为679户和681户，对应的资产总额分别为1 080亿元和1 185亿元，审计发现问题金额分别为175.32亿元和128.41亿元，分别占经审计资产总额的16.23%和10.84%。通过审计发现的突出问题包括：预算编制不完整、三公经费使用不规范、租金收入未按规定处理、资产产权不清晰、实物保管措施欠缺、资产处置违规、对外投资程序不当、政府采购和工程项目内部控制薄弱等。

第二，促进了公共部门会计信息质量的明显提升。自医院、高校、基金会等实行注册会计师审计以来，通过审计发现的资产、负债、收入、支出、结余、结转等方面的会计核算问题得到了及时纠正，提高了被审计单位会计信息的真实性、准确性和完整性，促进了公共部门会计信息质量的提升。仍以上海市为例，根据注册会计师的审计结果，2012 年上海市市级事业单位年报决算调整收入 8.29 亿元，调整支出 2.7 亿元，为加强市级事业单位资产预算管理发挥了较好作用。

第三，推动了公共部门透明度和社会认可度的较大提升。由于各方面原因，我国教育、医疗、科研等领域的部分单位仍存在财务管理薄弱、透明度不高等问题，导致其公信力严重受损，这些问题往往和上学难、看病难等社会问题交织在一起，在一定程度上加剧了社会矛盾。实施注册会计师审计、建立独立的第三方审计监督机制，已成为规范公共部门资金使用和提升公共部门透明度的重要手段。以基金会为例，中国基金会中心网已将注册会计师审计纳入基金会组织透明度指数。截至 2015 年 11 月，已有 139 家经注册会计师审计的基金会获得了满分 100 分的透明度评价，有效提升了基金会组织的社会认可度。

第四，为全面推行公共部门注册会计师审计积累了宝贵经验。在近几年的试点中，部分地区、部门制定了多项配套政策措施，经过几轮实践打磨和优化完善，逐步形成了操作性强、可复制推广的组织管理模式和有效制度机制，为全面推进公共部门注册会计师审计积累了宝贵经验。此外，各地财政部门和注协投入较大的人力、物力，探索制定了适应公共部门业务特点和监管要求的审计工作底稿、审计质量评价制度以及医院高校审计指引等，为建立健全公共部门注册会计师审计技术标准奠定了良好基础。

第五，为推广公共部门注册会计师审计储备了一批专门人才。近几年的探索实践锻炼和培养了一大批熟悉行政事业单位和非营利组织法律法规、政策规定、业务特点和管理要求的注册会计师队伍。以上海市为例，在 2011～2012 年试点过程中，通过公开招投标确定了 41 家会计师事务所，其中，部分会计师事务所每年投入上百人参与上海市事业单位年度财务报表和部门决算报表审计，为扩大实施公共部门注册会计师审计制度储备了一批专门人才。

（三）现存的突出问题

近几年的试点工作也反映出一些问题，主要包括：一是各地区、各部门贯彻落实国办 56 号文件和医院高校注册会计师审计要求的工作情况不平衡，被审计单位对注册会计师审计的接受程度还不够高；二是公共部门注册会计师审计缺乏较强的法律支撑，相关政策规定有限且层级不高，审计经费保障水平也较低；三是注册会计师在公共部门准则制度、执业经验等方面还存在一定不足；四是审计结果运用目前主要停留在财政部门、业务主管部门内部掌握的阶段，审计结果的利用形式和手段仍比较单一。

四、政策建议

近年来，我国大力推进政府购买服务，积极利用社会力量创新公共服务供给，“会计审计”已被列为适宜由社会力量承担的技术性服务事项。中共中央办公厅、国务院办公厅《关于实行审计全覆盖的实施意见》和国务院《关于加强审计工作的意见》（国发〔2014〕48 号）都明确提出要有效利用社会审计力量，向社会购买审计服务，为推动公共部门注册会计师审计创造了良好条件。我国公共部门分布广、地位作用特殊、社会关注度高，推进公共部门注册会计师审计制度建设既要借鉴国际经验，更要结合中国国情大胆创新、稳步推进。

第一，积极推动完善公共部门注册会计师审计法制建设。全面建立公共部门注册会计师审计制度，亟需将注册会计师审计通过法律法规予以固化，为注册会计师审计监督提供强有力的法律支撑。一方面，要积极推动《会计法》、《注册会计师法》以及其他相关法律修订，明确公共部门注册会计师审计内容、程序和监管要求等；另一方面，要配套制定《公共部门注册会计师审计办法》、《政府财务报告注册会计师审计暂行办法》等法规制度，保障注册会计师审计有据可依和有效实施。时机成熟时，还可研究制定《公共部门注册会计师审计法实施条例》、《公共部门注册会计师审计法》等高层次法规制度。在法制建设中，要注重保障注册会计师的权利，保证其可依法获得充分、适当的审计证据，独立发表审计意见。

第二，加快推进公共部门注册会计师审计标准研究制定。会计准则和会计制度是编制财务报表的重要标准和依据，也是注册会计师开展财务报表审计的重要基础。因此，建立公共部门注册会计师审计制度，要加快政府会计准则的制定出台和非营利组织会计制度的修订完善。同时，要加快研究制定与会计准则相适应的公共部门审计准则，加强对注册会计师开展公共部门审计的规范和指导。考虑到注册会计师审计准则的通用性以及公共部门审计准则制定的成本和效率，建议在我国现行注册会计师审计准则体系的基础上，针对公共部门审计的特殊目的、要求和事项进行增补。相对于另起炉灶制定一套全新的审计准则，该方法可以最大限度地利用现有资源，推动相关准则（指引）尽早出台，同时有利于突出公共部门的特殊性，增强准则（指引）的针对性，提高使用效果。

第三，全面规范公共部门注册会计师审计委托和经费保障。根据公共部门审计业务的性质，进一步优化完善选聘机制、付费方式，有效保障注册会计师审计的独立性。按照“谁委托、谁付费”的总体原则和财政预算管理的新要求，对于由国家权力机关或同级人民政府依法委托实施的公共部门年度财务报告审计以及由财政、审计、税务、司法等部门或业务主管部门委托实施的公共部门财政支出绩效、经济责任等特定事项审计，其审计经费应列入相关权力机构和政府部门的预算，按国库集中支付制度向会计师事务所支付；对于公共部门自行委托实施的审计，其审计费用应由公共部门按照委托协议向会计师事务所支付。同时，要进一步规范政府购买注册会计师专业服务，逐步建立公开、公平、公正的招投标体系和以市场定价为基础并给予适当折让的收费制度，保障注册会计师审计有序实施。

第四，优化完善公共部门注册会计师审计结果运用机制。审计结果利用是注册会计师审计制度建设的重要内容和关键环节。建立完善的审计结果利用机制，不仅有利于发挥注册会计师审计的独立监督作用，而且有利于注册会计师审计与其他审计的关系相协调，促进审计结果统筹利用并提升审计的效率和效果。下一步要结合审计的对象、内容和目标，通过立法强制与宣传引导，有序推进审计结果公开；通过改进审计报告内容、结构或提供附加说明等方式简化审计结果运用；通过专业知识普及和开展专业培训，提高报告运用主体解读审计结果的能力；通过信息网络平台建立沟通反馈渠道，便利审计发现问题时的跟踪整改，促进审计报告运用主体之间的沟通交流；分类制定和完善各行业指标评价体系，为公众提供科学合理的参考依据，促进审计结果的有效运用。

第五，继续强化公共部门注册会计师审计人才队伍建设。一方面，各事务所要加强公共部门会计审计技术攻关，注重公共部门审计实务经验积累，通过人才引进、业务培训等多种方式建立一支高素质的人才队伍，为全面开展公共部门审计业务奠定基础。另一方面，会计行业主管部门可以通过在注册会计师考试和继续教育课程中增设公共部门会计审计相关内容、建立公共部门会计审计领军人才制度、引导高等教育和科研机构开展公共部门会计审计教育培训和学术研究等方式，提升注册会计师开展公共部门审计的专业胜任能力，加大公共部门会计审计人才培养力度，提高行业后备人才的综合素质和能力。时机成熟时，也可研究探索注册会计师从事公共部门审计的职业资格和协会组织建设。

第六，大力促进注册会计师审计与其他审计的关系协调。从国际经验和行业实践来看，注册会计师审计主要是对公共部门财务报表是否按照相关会计准则的要求真实、完整地反映其财务状况和运营情况发表独立审计意见；政府审计主要是对公共部门资金使用的合法合规性以及运营管理的有效性进行审计。两者各有侧重、相互补充、相辅相成。内部审计则主要体现内向服务性，并与外部审计相互影响。下一步要通过法律法规确保各类审计各司其职、各尽其责，建立实施层面的沟通机制，协调审计对象选择，减少重复审计。此外，要打通各类审计的结果利用渠道，加大成果共享力度，推动政府审计、内部审计与注册会计师审计相互依赖、相互监督，形成合力。

第二部分

THE SECOND PART

第一章　我国建立公共部门注册会计师审计制度的重要意义

党的十八大以来，党中央从坚持和发展中国特色社会主义全局出发，提出了全面建成小康社会、全面深化改革、全面依法治国、全面从严治党的战略布局。2013 年 11 月，十八届三中全会审议通过《中共中央关于全面深化改革若干重大问题的决定》，对建立权责发生制的政府综合财务报告制度提出明确要求。2014 年 10 月，《国务院关于深化预算管理制度改革的决定》提出“研究将政府综合财务报告主要指标作为考核地方政府绩效的依据，逐步建立政府综合财务报告公开机制”。2014 年 12 月，国务院批转财政部制定的《权责发生制政府综合财务报告制度改革方案》，提出“建立健全政府财务报告审计和公开机制”。2015 年 10 月，楼继伟部长签署财政部令第 78 号，公布了《政府会计准则——基本准则》。政府财务报告审计机制，连同其他公共部门审计机制，须臾离不开注册会计师的参与，这既是国际经验的有益启示，也是我国国情的迫切要求。

第一节　公共部门及其发展概述

随着公共治理、财政透明等呼声日益高涨，越来越多的国家和地区开始探索优化配置公共权力，试图通过向社会组织、私营部门等开放一定权力的方式来提高国家治理水平。其中，一些国家在公共部门相继引入了注册会计师审计制度，为预算管理、债务风险管理、宏观政策研究和追责问责等提供更有效的基础和保障。公共部门注册会计师审计作为政府监督的有益补充和社会监督的重要组成部分，在现代市场经济体系发展中逐步发挥着基础性重要保障作用。针对公共部门注册会计师审计制度的专门研究，在国内尚处起步阶段，并且由于涉及经济社会多领域知识体系，在不同时期，基于不同研究目的而有过许多不同界定。为使本报告研究保持逻辑上的一致性，首先对公共部门概念及我国公共部门发展状况进行简要阐述。

一、公共部门概念与分类

20 世纪 80 年代以来，随着科技进步和社会变迁，政府与市场、政府与社会、政府与公众之间的关系发生了本质改变，公共部门这一概念的内涵和外延也发生了变化。公共经济学认为，随着经济系统规模逐渐扩大和趋于复杂，产生了诸如垄断、信息不对称、外部效应等各种市场失灵的现象，导致单纯依靠市场或价格机制无法保障社会经济体系的有效运行和资源的优化配置，由此产生了包括政府在内的公共部门直接介入经济体系的需求。公共管理学的有关研究成果认为，在以政府为主体的公共部门承担公共服务与产品供给这一维持和促进社会长期发展所赋予的神圣职责时，公共部门在公共服务与产品供给意愿与能力之间已经遭遇到瓶颈。纳税人意识的逐渐觉醒，推动着政府不断改善公共服务与产品的供给质量。由此，不同视角下产生了诸多关于公共部门的概念，并进一步影响了公共部门的范围和活动。

（一）理论层面的公共部门概念与分类

1. 二元分类基础下的公共部门

在二元分类基础下，公共部门主要是围绕政府与市场的二元关系进行定义。简要来说，政府为公共部门，市场为私人部门。具体来说，当从不同视角来理解公共部门时，其具体范围可能有所差别。如从公共行政或公共权威角度来看，公共部门是指承载政府活动及其后果的主体；从预算资金角度来看，公共部门则是指运营活动涉及公共资金的政府投资和公共事业支出等实体。

2. 扩大的公共部门

自 20 世纪 80 年代起，公共部门范围因为市场化改革以及政府治理工具多元化趋势而发生了很大变化，原有的公共部门与私人部门的界限越来越模糊。根据公共性程度高低对各个社会部分进行划分，以公共服务与产品的供给主体以及公共治理为依据，划分出政府部门、第三部门和私人部门。第三部门介于政府与私人部门之间，具有政府与私人部门双重特性。由于环境、交易与组织特性的相似与重叠，政府和第三部门构成了广义的公共部门。

（二）实务层面的公共部门概念与分类

一些国家和地区对公共部门作了清晰的定义，通常依据使用“公共资金”程度或存在“政府控制”程度作为标准来划分公共部门。另有一些国家和地区，尽管没有明确的公共部门定义，但通常依据一些类似的基准来划分。从具体分类情况来看，公共部门主要包括：政府部门、学校、医院和公用事业单位、其他非营利组织等，一些国家和地区也将国有企业看作公共部门。

（三）本报告中界定的公共部门概念与分类

1. 本报告中的公共部门概念

本报告从公共服务与产品的产出角度提出公共部门的概念，即：公共部门是指根据法律和国家授予的公共权力，以公共利益为目标，运用公共资源管理社会公共事务、提供公共产品或服务的行政机构、立法机构、司法机构，以及关系公共利益、提供公共产品或服务的公益类事业单位和非营利组织。

2. 本报告中的公共部门分类

根据上述公共部门的概念，本报告研究结合我国当前的公共行政管理体制，提出公共部门主要包括：

（1）国家机关。在公共部门体系中，我国目前作为公务员系统管理的部门，制定和执行国家法律法规和规章制度，拥有公共权力，维持社会秩序，从事公共管理，提供公共产品和公共服务，不以营利为目的，运营经费全部来自于财政拨款，属于纯粹的公共部门。其具体包括不同层级的立法机关、行政机关和司法机关等，以及纳入财政预算保障范围的有关机关和单位。

（2）事业单位。事业单位根据国家授权和委托，从事公共服务，为公众提供科学、教育、文化、医疗卫生等公共产品，其运营经费全部或部分来自财政拨款，或者依靠服务收费。事业单位不以营利为主要目标，实际掌握着部分国家资源并通过授权拥有相应的权力。在我国，这类部门主要包括公立医院、公立学校、文化馆、图书馆等事业单位。

（3）非营利组织。非营利组织是更广泛的公共部门，其主要目标是支持或处理公众或团体关注的社会性事务。这些组织所涉及的领域非常广，如慈善、教育、艺术、学术、环保等，主要包括学会、协会、基金会等社会组织。

二、我国公共部门现状与存在的问题

国家统计局网站公布的全国第三次经济普查[①]数据显示，从登记注册类型来看，我国企业法人为 8 208 273 家，占比 75.61%；公共部门 2 211 311 家，占比 20.37%，其他组织机构 436 984 家，占比 4.02%。其中公共部门主要分布在机关、事业单位、社会团体、民办非企业单位等组织，具体情况如表 1－1 所示。

第二部分

表 1－1　　公共部门类型一览表　　单位：个

公共部门类型	数量	占全体法人单位比例
机关	250 585	11.33%
事业单位	786 297	35.56%
社会团体	262 742	11.88%
民办非企业单位	225 656	10.20%
基金会	2 656	0.12%
居委会	93 859	4.25%
村委会	589 516	26.66%
合计	2 211 311	100.00%

在事业单位中，教育、卫生系统是事业单位的重要组成部分，对这类事业单位的运营、财务、监督是社会公众关注的焦点。事业单位分布情况如表 1－2 所示。

① 第三次经济普查基准时点为 2013 年 12 月 31 日。

表 1－2　　　　事业单位行业分类情况一览表　　　　单位：个

事业单位行业分类	数量	占事业单位比例
公共管理、社会保障和社会组织	251 399	31.97%
教育	228 201	29.02%
卫生和社会工作	99 448	12.65%
科学研究和技术服务业	68 308	8.69%
文化、体育和娱乐业	38 386	4.88%
其他	100 555	12.79%
合计	786 297	100.00%

综上所述，我国公共部门具有数量多、分布广、地位作用特殊、社会关注度高等特点，在经济社会发展和国家治理体系建设中发挥着重要作用。同时，从目前的总体情况看，我国公共部门管理还存在一些薄弱环节和突出问题，需引起重视并加以解决。

（一）公共部门财务报告审计监督制度缺位

研究发现，财政、审计机关依法监督公共部门并取得了一定成效。但是，目前财政、审计机关对公共部门监督主要定位于预算执行情况、“三公”经费使用、专项资金、决算情况等，重在评价财政资金使用管理的合规性和真实性，而几乎未涉及公共部门财务报告领域，也难以对公共部门的“家底”情况、运行成本、资金绩效等发表意见。这一问题的成因是多方面的，主要是我国尚未建立健全公共部门财务报告尤其是以权责发生制为基础的政府综合财务报告制度，导致财政、审计机关的监督难以向纵深推进；同时，即便在未来一段时间建立起政府综合财务报告制度，由审计机关来实施审计并发表审计意见也存在诸多风险挑战。

（二）公共部门预算财务管理亟待加强

根据审计署 2015 年 6 月公布的审计结果，我国公共部门在预算执行和其他财政财务收支方面仍存在着不同程度的问题。由表 1－3 可知，有的部门违规问题不容忽视，如水利部、工程院、民委、司法部、社科院、住建部、国务院发展研究中心等部门问题金额比例都超过 20%。因此，依法规范公共部门预算、财务管理的任务仍然十分艰巨。

表 1-3　部分中央部门或机构预算执行问题一览表　单位：万元

部门/机构	本次审计财政拨款	预算执行中问题金额	其他财政财务收支问题金额	问题金额合计	问题金额占审计涉及资金比例
水利部	181 256.91	47 528.78	70 609.86	118 138.64	65.18%
工程院	49 154.18	29 033.86		29 033.86	59.07%
民委	140 200.85	11 968.70	30 344.90	42 313.60	30.18%
司法部	28 780.18	5 399.92	2 636.37	8 036.29	27.92%
社科院	100 689.84	14 480.38	12 844.94	27 325.32	27.14%
住建部	93 125.51	2 317.82	22 654.76	24 972.58	26.82%
国务院发展研究中心	14 636.04	2 119.99	1 616.59	3 736.58	25.53%

注：资料系根据审计署 2014 年预算执行审计结果公告整理。

（三）公共部门内部控制仍较薄弱

从近年来公开披露的监督检查报告看，公共部门还存在预算编制粗放、违规改变资金用途、拆借挪用财政资金、利用虚假票据入账、私设“小金库”、预算执行与预算编制脱节、项目管理与招投标管理松弛、会计基础工作欠扎实等问题，其中许多问题与内部监督乏力、内部控制流于形式密切相关。内部控制存在的漏洞为不法分子侵吞国家资产提供了便利，近年来，一批医院院长、高校校长的违法犯罪案例教训深刻。

（四）公共部门特别是地方政府举债融资信息披露机制不完善

2014 年修正发布的《中华人民共和国预算法》（以下简称《预算法》）为地方政府举债“开前门、堵后门”提供了坚实的法制保障，但在现行制度框架下，偏重对地方政府发行债券的信用评级，尚未建立统一规范的债券发行相关财务报告的注册会计师审计制度，在一定程度上削弱了举债融资信息披露的完整性和公信力。

（五）公共部门透明度有待提升

在党中央、国务院的大力推动下，我国公共部门信息公开工作取得了长足进展，以预决算报告公开为核心的财政财务公开取得重大突破，但仍存在对信息公开认识不到位、信息公开范围与程度待优化、信息公开监管问责机制不健全等问题。近年来，由“郭美美事件”引发的对红十字会的质疑，以及一些慈善机构、基金会深陷信用漩涡，为公共部门加快提升透明度提供了镜鉴。公共部门信息的透明度是公共部门取信于民的重要基石，也是公共部门践行权为民所用的衡量标尺。为此，需要进一步深入推动包括财务信息在内的公共部门信息公开的日益常态化、规范化、制度化，不断提升公共部门的透明度和认可度。

第二节 公共部门注册会计师审计概述

注册会计师审计是市场经济发展中的基础性专业保障力量，目前在非公共部门实施注册会计师审计制度已十分普遍，而在公共部门领域，受各国政治、经济、文化等因素影响，对于如何及在多大程度上发挥注册会计师的作用，不同国家或地区体现出各具特色的制度安排。

一、世界范围内公共部门注册会计师审计的定位与目标

自 19 世纪以来，特别是随着公共管理、公共治理运动的兴起，各国不同程度地引入了公共部门注册会计师审计制度。

（一）世界范围内关于注册会计师审计的定义和目标

《国际审计准则第 200 号——独立审计师的总体目标与按照国际审计准则执行审计工作》第十一条规定，在执行财务报表审计工作时，审计师的总体目标是对财务报表整体是否不存在由于舞弊或错误导致的重大错报获取合理保证，使得审计师能够对财务报表是否在所有重大方面按照适用的财务报告框架编制发表审计意见，根据审计结果对财务报表出具审计报告，并与管理层和治理层沟通。美国会计学会指出，注册会计师审计是指为确定关于经济行为及其后果和所制定的标准之间的一致程度，而对与这种结论有关的证据进行客观收集、评定，并将审计结果传达给利害关系人的系统过程。上述规定和论述为注册会计师在公共领域开展审计业务提供了理论基础。

（二）世界范围内开展公共部门注册会计师审计的情况

从注册会计师审计业务视角来看，公共部门审计相对于私人部门审计，主要区别在于审计对象的业务特点和报告编制基础有所不同。除此之外，二者在审计程序等许多方面具有相似性。因此，世界范围内许多国家已在公共部门实施了注册会计师审计。此外，针对不同类型的公共部门，不同国家或地区也有差异性的制度安排，主要表现为针对不同层级的政府、高校和医疗机构以及非营利组织等，根据不同的法律法规要求，相应开展注册会计师审计工作。大体而言：一是在政府机构方面，不同层级的政府有不同的制度安排。比如在英国，中央政府的审计由国家审计机关（NAO）执行，地方政府或机构审计将全部由会计师事务所执行。二是在医院和高校等机构，多数国家主要采用了以注册会计师审计为主的模式。三是在非营利组织方面，主要由注册会计师开展审计工作。再如在美国，在地方和州政府层面，日益由会计师事务所执行更多审计业务；在联邦政府层面，主要由政府审计机关（GAO）执行审计业务，但允许会计师事务所参与、配合部分审计业务。值得注意的是，负责执行美国政府审计的官员通常也是美国注册会计师。

二、我国开展公共部门注册会计师审计的定位和目标

（一）中国注册会计师执业准则关于注册会计师审计的定义与目标

《中国注册会计师审计准则第 1101 号——注册会计师的总体目标和审计工作的基本要求》对审计目的及其实现途径进行了概括。第十八条规定：注册会计师审计的目的是提高财务报表预期使用者对财务报表的信赖程度。这一目的可以通过注册会计师对财务报表是否在所有重大方面按照适用的财务报告编制基础编制发表审计意见得以实现。就大多数通用目的财务报告编制基础而言，注册会计师针对财务报表是否在所有重大方面按照财务报告编制基础编制并实现公允反映发表审计意见。注册会计师按照审计准则和相关职业道德要求执行审计工作，能够形成这样的意见。

从上述定义中可以看出，注册会计师审计服务于广泛的财务报表预期使用者这一公众对象。它的主要服务方式是基于对编制主体的财务报表与其适用的

财务报告编制基础之间进行对比，并就结果是否公允发表审计意见来实现的。注册会计师审计的目标是通过提供增量信息，为报表使用者决策服务。

（二）我国开展公共部门注册会计师审计的定位

我国各类公共部门对内或对外提供的信息种类和内容繁多，既包括反映公共部门履行受托责任，涵盖公共部门管理、占有、使用受托公共资产、公共资源、公共资金及其变动的财务会计信息；也包括反映公共部门运营的非财务信息。一般认为，财务报表和财务报告信息含量最为丰富，也最为系统化，它是依据某一财务报告框架对某一实体的历史财务信息的结构性表述，相关附注信息还包括了大量的非财务信息，体现了某一时点该实体的经济资源或某一时期经济资源或义务的变化，能够比较全面、系统地反映该实体的经济事项或活动及其相关后果。

综合考虑注册会计师的专业特点和公共部门的信息特征及改革发展要求，对我国公共部门注册会计师审计的定位，应当主要集中于对公共部门财务报告的审计，即根据不同的监管要求和公众需求，执行通用目的或特殊目的财务报告审计。在执行公共部门通用目的财务报告审计业务中，审计目标是通过对公共部门的财务信息是否按照适用的公共部门财务报告编制基础进行公允列报发表审计意见，从而提高预期使用者对公共部门财务报告的信赖程度。在执行公共部门特殊目的的财务报告审计业务中，可以根据政府经济活动的特定事项开展审计，发表意见。比如，针对地方政府债务发行等相关要求，围绕地方政府资产状况、收入规模和偿债能力及其披露情况展开审计。

除上述公共部门财务报告审计外，还可以通过政府购买服务由注册会计师承担其他专项审计，以及按照市场规则和公共部门自身需求承担专项审计以外的鉴证或咨询业务等。

综上所述，本报告认为，公共部门注册会计师审计制度，是指会计师事务所及其注册会计师依法独立对公共部门财务报告（含地方政府发债相关财务报告）实施审计，发表审计意见，出具审计报告的制度安排；以及会计师事务所接受政府部门或其他公共部门委托，对公共部门预算编制、预算执行、决算、预算绩效、领导干部（或领导人员，下同）经济责任和其他特定事项进行审计，并按政府采购协议或其他委托协议提供专业服务的制度安排。并且，对公共部门财务报告的审计应当确立为法定审计业务，从而构建起政府审计、注册会计师审计、单位内部审计三位一体的相互促进、相互补充的公共部门审计监督体系。

三、我国开展公共部门注册会计师审计的可行性分析

注册会计师行业是市场经济建设的重要基础。特别是2008年全球金融危机爆发后，高质量的会计信息和审计鉴证在构建国际经济新秩序中的重要作用受到空前关注，已成为二十国集团（G20）峰会和全球金融稳定理事会的重要议题。具体到我国而言，自改革开放后注册会计师审计制度得以恢复重建以来，注册会计师行业在促进开放招商引资、深化金融改革和国企改革、发展资本市场等方面发挥了不可替代的重要作用。目前已经为全国350万家以上的企业、行政事业单位提供专业服务，为约2 800家上市公司提供审计鉴证服务。经注册会计师的审计鉴证，2001～2012年间累计调整利润总额5 070亿元、应交税费1 158亿元、资产总额30 996亿元，为提高上市公司的信息披露质量、维护投资者利益和市场经济秩序作出了重大贡献。完全有理由相信，我国注册会计师行业应当而且能够在公共部门审计工作中发挥同样重要的作用。

（一）注册会计师的独立性是推行公共部门审计的重要基石

独立性是注册会计师行业生存发展和保持活力的灵魂，注册会计师的独立性既表现为形式上的独立，更表现为实质上的独立。近年来，我国资本市场越来越多的上市公司财务舞弊、造假行为被注册会计师审计工作揭示出来，注册会计师的独立性得到了投资者和社会公众的高度认可。对于公共部门审计工作，我国目前主要采用政府审计和单位内部审计的方式，其中政府审计主要侧重于对财政资金使用效率和效果的审计，面对即将来临的政府财务报告审计，特别是地方政府举债融资机关财务报告的审计，审计机关的独立性可能承受较多疑虑，而单位内部审计则不可避免地面临独立性更加缺失的问题。国际上，许多国家逐步建立注册会计师参与公共部门审计的制度安排，其主要目的就是弥补政府审计和内部审计的某些缺陷，特别是独立性方面的缺陷。因此，注册会计师的独立性是推行公共部门审计的基石，可以进一步满足公共治理环境下的多元化治理需求。

（二）注册会计师国际趋同的执业标准是推行公共部门审计的专业支撑

注册会计师行业是国际公认的专业职业，执业标准是注册会计师进行审计判断、发表审计意见的重要依据，同时也是体现审计质量的核心要素。改革开放以来，特别是从2006年我国会计审计准则体系实现与国际规则趋同以来，相关制度、准则建设进程进一步加快。2015年，我国财政部发布《政府会计准则——基本准则》、《政府财务报告编制办法（试行）》、《政府综合财务报告编制操作指南（试行）》和《政府部门财务报告编制操作指南（试行）》等制度文件，并将全面建设以权责发生制为基础的政府综合财务报告制度。我国会计行业的专业化、国际化迈上了新台阶，也为构建公共部门注册会计师审计制度打下了坚实的技术基础。

（三）注册会计师丰富的执业经验是推行公共部门审计的显著优势

注册会计师已在资本市场及其他商业领域积累了丰富的执业经验，对于权责发生制的计量方式有着深刻理解和掌握；对于会计核算、报表编制、披露体系有着系统的应用；对于基于控制视角下的合并处理有着熟练的运用；对于内部控制有效性的评价也有着丰富经验。在执业中，注册会计师已经拥有了先进的软件系统和科学的工作底稿模板，这些都可以借鉴应用于对公共部门审计工作中。与此同时，注册会计师已广泛参与财政、审计监督和内部审计业务。由于财政、审计等政府监督和公共部门内部审计资源和力量的不足，加之政府购买服务力度逐步加大，注册会计师近年来以受托服务方式大量参与公共部门审计业务。这些业务实践使注册会计师逐步熟悉和掌握了公共部门法律法规、业务特征和运行状态，为下一步独立开展公共部门审计业务奠定了基础。

（四）注册会计师庞大的人才队伍是推行公共部门审计的强大保障

截至2015年12月31日，我国共有会计师事务所8 300多家（含分所），执业注册会计师10万余人，从业人员超过30万人，年龄结构、学历结构不断优化，30～50岁的中青年注册会计师和本科以上学历从业人员占主体地位。同时，行业人才培养战略深入实施，领军人才培养工程持续提升，特别是适应财政预算改革、医药卫生体制改革等专门开办了特色领军班，为实施公共部门注册会计师审计制度储备了一大批职业道德良好、业务技能精湛的专业英才。

（五）对注册会计师行业的严格监管和有效追责是推行公共部门审计的切实保障

综观全球，由于注册会计师审计质量直接关系到投资者利益和市场经济秩序，注册会计师执业行为在世界主要国家均受到严格监管，在我国也不例外。目前，我国对注册会计师行业已建立了较为成熟的行政监管与行业自律相结合的监管模式，同时持续健全完善以《中华人民共和国注册会计师法》（以下简称《注册会计师法》）为统驭的法规制度体系，大力发展以承担无限连带责任为特征的合伙制组织形式，并将注册会计师注册、执业全过程纳入监管范畴之中，促进注册会计师不断强化风险意识、责任意识和民事赔偿意识，注册会计师的诚信度和公信力稳步提升，为推行公共部门注册会计师审计制度提供了重要保障。

第三节　我国建立公共部门注册会计师审计制度的重要意义

党的十八大对改进和完善国家经济监督体系、促进国家治理体系和治理能力现代化提出了更高要求。2014 年 12 月，国务院总理李克强在接见全国审计机关先进集体和先进工作者代表时强调，要打造一支素质高、业务精、作风优、能打硬仗的“审计铁军”，同时要“引入社会力量参与审计，增强审计的公信力”。注册会计师审计连同政府审计、单位内部审计构成审计监督体系的“三驾马车”，“引入社会力量参与审计，增强审计的公信力”，既是对注册会计师审计地位作用的充分肯定，也为建立公共部门注册会计师审计制度指明了方向、赋予了重托。

一、建立公共部门注册会计师审计制度是深化财税体制改革、健全现代国家治理体系的迫切需要

党的十八届三中全会明确提出要深化财税体制改革、建立现代财政制度，

这是我党全面总结古今中外历史经验、深刻把握国家治理与执政规律、着眼我国现代化建设全局作出的重大决策。财政是国家治理的基础和重要支柱，财税体制在治国安邦中始终发挥着基础性、制度性、保障性作用。只有财税体制改革取得根本性突破，才能为实现国家治理现代化和“两个一百年”奋斗目标提供物质基础和制度保障。从这个意义上讲，新一轮财税体制改革是一场关系我国现代化事业和国家治理现代化的深刻变革，是完善社会主义市场经济体制、加快转变政府职能的迫切需要，是转变经济发展方式、促进经济社会持续稳定健康发展的必然要求，是建立健全现代国家治理体系、实现国家长治久安的重要保障。

建立与实施公共部门注册会计师审计制度，由注册会计师对公共部门财务报告进行审计，并根据审计结果对下年度预算编制与安排作出必要调整，有利于提高预算编制的科学性，促进公共资源合理有效配置，妥善处理各方面的利益诉求，进一步规范政府行为和提高政府决策能力，促进国家治理能力现代化。

二、建立公共部门注册会计师审计制度是推动政府会计改革顺利实施的重要保障

2014 年 12 月，国务院批转财政部制定的《权责发生制政府综合财务报告制度改革方案》（以下简称《改革方案》），明确政府会计改革的主要任务是：建立健全政府会计核算体系；建立健全政府财务报告体系；建立健全政府财务报告审计和公开机制；建立健全政府财务报告分析应用体系。对于建立健全政府财务报告审计和公开机制，《改革方案》提出，政府财务报告审计制度应当对审计的主体、对象、内容、权限、程序、法律责任等作出规定；政府财务报告公开制度应当对政府财务报告公开的主体、对象、内容、形式、程序、时间要求、法律责任等作出规定。2015 年 10 月，楼继伟部长签署财政部令第 78 号，公布了《政府会计准则——基本准则》，这是贯彻落实党的十八届三中全会精神和全面深化财税体制改革的重要举措，在我国政府会计改革进程中具有里程碑意义。

建立与实施公共部门注册会计师审计制度，不仅是政府财务报告审计和公开机制建设的重要内容，而且可以促进政府建立健全会计核算体系，推动政府会计准则和会计制度的有效执行，确保政府财务报告分析利用数据的真实性和

准确性，切实保障政府会计改革顺利实施。

三、建立公共部门注册会计师审计制度是规范地方政府债务管理、有效防范财政风险的重要举措

近年来，地方政府融资平台负债规模增长较快，地方政府债务风险不断显现。根据审计署公布的2013年第32号公告，截至2013年6月底，地方政府负有偿还责任的债务108 859.17亿元，负有担保责任的债务26 655.77亿元，可能承担一定救助责任的债务43 393.72亿元，三类地方政府性债务总额接近18万亿元。与2010年年底的审计结果相比，省市县三级政府负有偿还责任的债务余额增加38 679.54亿元，年均增长19.97%，其中，省级、市级、县级年均分别增长14.41%、17.36%和26.59%。防范和化解地方政府债务风险的关键是规范政府的举债融资行为。新修订的《预算法》允许地方政府在严格的条件下自行发行债券。作为发债主体，地方政府应根据权责发生制的会计核算方法确认、计量、记录、报告地方政府财务状况和运行情况，全面完整和规范披露地方政府债务信息。

建立与实施公共部门注册会计师审计制度，有利于准确反映地方政府的财务状况，充分揭示地方政府的直接和间接债务信息，有效满足债权人等利益相关方对发债主体的信息需求，为政府债务管理提供更加准确、全面、完整的基础信息，约束政府举债行为，有效防范财政风险。

四、建立公共部门注册会计师审计制度是提升公共部门透明度和公信力的必然选择

政府信息公开是满足各相关利益主体对政府财务状况信息需求的有效途径，也是增强政府透明度的重要举措。2007年国务院发布了《政府信息公开条例》，要求行政机关及时、准确地公开政府信息。以此为契机，各级政府及其组成部门信息公开的力度不断加大，社会公众的民主意识、权利意识、参政议政意识也不断增强。自2008年以来，财政部也陆续颁布了一系列推进财政预决算信息公开的指导意见。但也应当看到，在我国教育、医疗、科研等领域，还存在财务管理薄弱、财政透明度不高等问题，导致公共部门的公信力受损，这些问题

又往往和上学难、看病难等社会问题交织在一起，在一定程度上加剧了社会矛盾。

建立与实施公共部门注册会计师审计制度，由注册会计师对公共部门的财务报告进行第三方鉴证，并建立常态化的财务信息公开机制，有助于提高公共部门财务信息的透明度和公信力，满足各级人大及其常委会、社会公众等全面、准确、及时了解公共部门财务信息的需求，也有利于建立公众对公共部门的信任机制，提高依法行政的效率效果，进一步推进转变政府职能、建设服务型政府的改革目标。

五、建立公共部门注册会计师审计制度是完善公共部门审计监督体系的内在要求

现阶段，我国公共部门审计监督体系机制尚不健全，政府审计机关是主要的审计力量，内部审计尚未全面有效开展。一方面，政府审计以其行政权威，对公共资金、国有资产、国有资源和领导干部履行经济责任行使审计监督权力。但审计署主要是事后监督，理论上的覆盖面很宽，实际执行中由于审计力量有限导致覆盖面较窄。据悉，全国各级审计机关人员约 9 万人，但使用财政资金的部门、单位多达 300 万个，这样的矛盾、压力只能通过制度创新发挥合力加以解决。同时，政府审计以财政财务收支的合法、合规性审计为主，难以对公共部门整体财务报告的真实性、完整性发表意见。另一方面，从内部审计监督来看，不少公共部门尚未设置专门的内审机构或内审岗位，已经设立内审机构的单位也普遍存在内审人员独立性受限、内审制度不规范、内审人员素质难以满足职能需要等问题，内部审计监督难以有效发挥作用。

建立与实施公共部门注册会计师审计制度，不仅有利于进一步完善公共部门监督体系，促进政府审计、内部审计和注册会计师审计分工合作、形成合力，而且有利于发挥注册会计师的专业优势和激发市场活力，符合政府监管职能在一定范围内让渡于社会组织的改革方向。此外，还有利于缓解政府审计机关的压力，促进其将有限资源配置到国家治理中更宏观、更具战略意义的领域，更好地发挥政府审计机关的作用。

第二章　世界主要经济体实施公共部门注册会计师审计制度的经验和启示

本章针对世界主要经济体实施公共部门注册会计师审计制度方面的实践经验展开研究，以便为我国相关政策的制定提供启示和借鉴。本报告在选取主要研究国家和地区时，考虑了这些国家和地区的地理位置、政治体系、经济发达程度、公共部门职能、会计审计制度体系等因素，对不同政治、经济、文化环境下的公共部门审计模式展开多元化的研究和比较分析，综合考虑了不同社会因素对公共部门审计模式的影响，有助于进一步探索契合我国国情的可行性方案。

第一节　世界主要经济体实施公共部门注册会计师审计制度的经验

本报告主要研究的国家和地区涵盖欧洲、美洲、大洋洲和亚洲，具体包括英国、美国、加拿大、德国、俄罗斯、澳大利亚、日本、新加坡和中国香港地区。这些国家和地区是世界上发达国家和地区的代表，从其政治、经济地位等角度来看，其实践经验都具有较好的代表性和参考价值。本报告针对这些国家和地区公共部门的分类和法定审计要求，对其实施公共部门注册会计师审计制度的做法进行了研究分析。

一、英国

（一）公共部门划分标准、法规体系与法定审计要求

英国对公共部门有较为明确的定义。英国的国家统计办公室（Office for National Statistics，ONS）指出，区分一个单位属于公共部门还是私营部门的关键是“这个单位是否受政府控制”，ONS 还进一步给出判断是否存在“政府控制”应考虑的具体方面，比如政府有权任命和罢免该单位的管理层、制定该单位的政策等。在这个定义下，英国的公共部门主要包括中央及地方政府部门、国家医疗机构（National Health Service，NHS）、基金会（Foundation Trust）和高校。其他一些非营利组织（如慈善机构），按照上述公共部门的定义，不属于公共部门，但从其职能来看也不属于私营部门，因而通常被作为单独一个部门来看待。

在英国，上述纳入公共部门范畴的单位在各自适用的法规体系下都需要进行财务审计。其中，国家审计法案（The National Audit Act，1983）及政府资源和账户法案（The Government Resources and Accounts Act，2000）明确了中央政府的财务审计要求和国家审计机关（National Audit Office，NAO）对中央政府的审计职责；地方审计和责任法案（Local Audit and Accountability Act，2014）明确了对地方政府及医疗机构的财务审计要求①；与英国高校审计相关的法规包括高等教育法案（The Further and Higher Education Act，1992）以及高等教育基金委员会（The Higher Education Funding Council）设定的审计实务规范（Audit Code of Practice），前者规定了外部审计②要求，后者明确了外部审计的审计目标。除上述财务审计要求外，NAO 还负责检查各政府部门及医疗机构财政资金的使用是否合理、有效，类似于绩效评价、合规性审计。

---

① 英国于 2014 年通过了地方审计与责任法案，用以替代原有的审计委员会法案（Audit Commission Act，1998），新法案于 2015 年 3 月 31 日起生效。

② 如无特别说明，本章节提及的外部审计是针对内部审计而言的，是指委托独立的审计机构进行的审计。

（二）公共部门会计审计准则体系建设

英国针对中央政府、地方政府、国家医疗机构、基金会以及高校分别制定了各自适用的会计核算和财务报告制度。当然，这些制度并不是完全独立的，而是基本建立在国际财务报告准则（International Financial Reporting Standards，IFRS）的基础上，并根据各类公共部门经营活动的特性加入特别的解释和指南，形成适合该部门的会计核算和财务报告制度。IFRS 更新时，这些体系也会随之作出相应的更新。英国对非营利组织也制定了一些专门的会计制度和指南。

审计准则方面，在地方审计和责任法案生效前，英国的审计委员会（Audit Commission）颁布过一套审计实务准则（Code of Audit Practice）。地方政府的审计工作，无论由审计委员会自己执行，还是聘用会计师事务所执行，均须遵循这套审计实务准则。地方审计和责任法案生效后，英国公共部门的审计都按照英国的一般审计准则（与国际审计准则接近）执行。当然，考虑到公共部门与企业在业务性质、适用的会计准则和财务报告编制框架等方面存在差异，英国的财务报告委员会（Financial Reporting Council，FRC）也出具了一套关于公共部门审计的实务说明（Practice Note 10，PN10），用以指导公共部门中的一些特殊事项。同时，对于公共部门，除了常规的财务报表审计外，NAO 还执行一些其他类别的审计（如合规性审计），PN10 也针对这些审计给出了一些指引。

（三）公共部门注册会计师审计委托模式、监管情况和费用安排

在英国，中央政府的审计由 NAO 执行；在 2015 年 3 月 31 日之前，地方政府和医疗机构的审计，由审计委员会全权负责，审计委员会可选择安排政府审计师进行审计或者任命会计师事务所进行审计。自 2015 年 3 月 31 日起，审计委员会不再履行该职责，地方政府审计工作全部由会计师事务所执行。地方政府协会（Local Government Association）成立的公共部门审计任命有限公司（Public Sector Audit Appointments Limited，PSAA）负责安排地方政府的审计工作。PSAA 独立于政府，经立法授权，负责地方政府部门和医疗机构的审计师的任命和其他相关安排。基金会和高校自行委托审计师进行审计。

关于公共部门注册会计师审计的监管，首先，审计师的选聘过程已包含了对审计师胜任能力的审核，确保审计师具有足够的资质和经验。其次，PSAA 也会对其任命的审计师执行的审计工作进行质量复核。最后，FRC 统一负责监管

所有注册会计师的审计工作。

对于公共部门审计费用的安排，NAO 拥有独立的财政预算，其执行审计工作不向被审计单位收取费用。其他由会计师事务所执行的审计均由被审计单位承担审计费用，其中若属于 PSAA 权责范围内的审计，审计费用由 PSAA 确定、被审计单位承担。

二、美国

（一）公共部门划分标准、法规体系与法定审计要求

美国对于公共部门没有明确的定义和划分标准，通常联邦政府、各级州和地方政府机关属于公共部门的范畴。除此之外，一些公共服务的单位，比如医院、学校、公共事业单位以及其他一些非营利组织，可能被部分纳入公共部门的范畴。例如，美国的医院中大概有 15% 是私人拥有的，其中一些还是上市公司；大学分为公立大学和私立大学；一些公共事业服务也可能由私营企业提供。而其他一些非营利组织，更是涉及各行各业，组织形式也多种多样，既有政府主导和支持的非营利组织（如美国公共广播公司，Corporation of Public Broadcasting，CPB①），也有一些自发的民间非营利组织（如 FairVote②）。因此在美国，即使是同一行业，从事同样的业务，但由于其所有者或运营控制方的不同，部分归属于公共部门，部分归属于私营部门，在实际操作中，很难以“一刀切”的方式对公共部门进行划分。

美国的上述公共部门分布格局是由其政治经济体系决定的，美国经济的私有化程度较高，很多社会经济职能由公共部门和私营部门共同承担。此外，美国的政治体系具有“分权制衡”的特征，联邦政府与州政府各自拥有相对独立的管辖权。这样的政治经济体系就增加了公共部门审计相关法律法规建设的难度。因此，美国有很长一段时间对公共部门的审计缺乏统一的法规体系约束，

① 美国公共广播公司，是美国国会根据 1967 年公共广播法案成立的非营利性的广播电视机构，接受联邦拨款。其主要任务是：扶植公共广播事业的发展，向社会各界争取捐助，支付全国性节目的制作费，组织各台之间的联系等。

② FairVote 是由一些学者、民主领袖及政治家于 1992 年创建的非营利组织，倡导公平选举。

这一状况一直持续到1984年单一审计法案（Single Audit Act of 1984）[①] 以及1990年财务总监法案（The Chief Financial Officer and Federal Financial Reform Act of 1990, CFO Act）的出台。前者针对所有接受联邦政府财政拨款的州和地方政府部门以及非营利组织，若其在一个财政年度内得到的联邦政府拨款超过一定金额，均须进行年度法定审计；后者则针对各联邦政府部门，制定了其年度财务报告规范和法定审计要求。同时，单一审计法案还进一步规定，审计的内容除财务报表是否公允列报外，还包括被审计单位内部控制的设计和执行是否符合相关法律要求，以及该单位对联邦拨款的使用是否符合相关法律的规定，并最终形成一份审计报告。除此之外，医院、学校、公共事业单位以及其他一些非营利组织的审计也应遵守其相应的行业法规。

（二）公共部门会计审计准则体系建设

对于公共部门，美国拥有两套政府会计准则，一套是由政府会计准则委员会（Governmental Accounting Standards Board, GASB）颁布的政府会计准则（GASB codifications），适用于各州和地方政府，一套是由联邦政府会计准则咨询委员会（Accounting Standards Advisory Board, FASAB）颁布的联邦政府会计指南（FASAB Handbook），适用于联邦政府。其他单位，如医院、学校及其他非营利组织，部分属于公共部门，部分属于私营部门，因而，同为学校或者医院，尽管从事的活动没有区别，但有的适用GASB的准则，有的适用一般企业的会计准则。美国的一般企业会计准则由财务会计准则委员会（Financial Accounting Standards Board, FASB）制定，由于非营利组织的经营活动与一般企业存在差别，FASB也针对非营利组织按行业颁布了一些特别的解释和指南。

在审计准则方面，美国制定了一套专门的政府审计准则，即由美国的政府责任办公室（Government Accountability Office, GAO）颁布的一般公认政府审计准则（Generally Accepted Government Auditing Standards, GAGAS）。GAGAS的适用范围由一系列具体的法案来规定，包括上文提到的财务总监法案、单一审计法案等。大体而言，联邦和地方政府部门的审计通常适用GAGAS；联邦和地方政府及其他非营利组织，如果接受联邦拨款，且达到单一审计法案中规定需要

---

① 美国的联邦政府各部门具有法定审计要求，州和地方政府的审计则主要属于州立法的管辖权范围，因而具体审计目标、范围等州与州之间存在差别。为提高对联邦拨款的监管，美国于1984年出台了《单一审计法案》，统一了所有接受联邦拨款的单位的审计要求。

进行年度审计时，也适用 GAGAS。那些不适用 GAGAS 的地方政府组织和非营利组织（例如私立学校、医院等）则适用美国注册会计师协会（AICPA）颁布的行业审计制度。在 GAGAS 适用范围内执行的审计，审计师无论是政府审计机关还是会计师事务所及其注册会计师，均须按照 GAGAS 执行其审计工作。

（三）公共部门注册会计师审计委托模式、监管情况和费用安排

在美国，各个公共部门在各自适用的法规体系下，依据联邦采购程序选聘其审计师。在选聘过程中，美国还强调竞争机制的重要性。尽管政府审计机关和会计师事务所均可执行公共部门审计，但政府审计机关与会计师事务所不会同时参与一项审计的竞标。各公共部门单位的相关负责人首先确定选用政府审计机关还是会计师事务所对其进行审计，若确定由会计师事务所进行审计，则通过公开招标的方式选取最适合的会计师事务所作为其审计师。美国各级政府部门都设有监察长（Inspector General，IG），由其负责该部门的审计监管工作，审计师的选择和任命也是 IG 的主要职责之一。需要指出的是，无论是政府审计机关还是会计师事务所，负责公共部门审计的审计师都必须取得美国注册会计师资格。

对于公共部门注册会计师审计的监管，美国要求每个政府部门的 IG 采取适当的措施，对会计师事务所提供的审计服务实施监督，确保执行的审计工作均遵守了相关的准则与法规。此外，GAO 与其他一些与政府审计相关的机构，例如行政管理和预算局（Office of Management and Budget，OMB）也会对会计师事务所开展的政府部门审计工作实施一定的监督。

公共部门注册会计师审计的费用基本上由被审计单位承担。纳入政府财政预算管理范畴的公共部门，其法定审计费用也包括在预算范围内。

除上述法定审计业务外，注册会计师还可承接公共部门的其他审计业务。比如，美国的州和市镇一级政府常常通过发行政府债券的方式进行融资，发行的程序与一般公司债券类似，需要提交和披露一系列发行文件，其中一项重要内容即经审计的历史财务报表，发行后也需要披露经审计的年度财务信息。美国证监会对这些持续披露要求进行了明确的规定，而这些财务信息的审计工作通常都由注册会计师完成。其他一些非营利组织也常常根据出资者的要求聘用注册会计师对其财务状况进行审计。

三、加拿大

（一）公共部门划分标准、法规体系与法定审计要求

与英国相似，加拿大将公共部门定义为“所有被政府控制的单位”。根据这一定义，加拿大的公共部门包括各级政府机关（包括中央政府及省和地方政府）、国有企业以及所有政府控制的其他组织。其中，针对国有企业，加拿大又将其进一步划分为两类，一种称为“皇家企业”（Crown Corporations），这类企业直接向议会报告，因而较少受到各级政府部门的政治干扰，涉及的行业主要包括交通、能源、通信和媒体等公共服务行业；另一种称为“政府商业企业”（Government Business Enterprises，GBEs），这类企业由政府控制，但主要是为商业目的而设立的，按市场规则经营。

加拿大的财务管理法案（Financial Administration Act）规定了其公共部门的财务报告要求和审计要求，同时也授予加拿大政府审计机关执行公共部门（GBE 除外）审计的职责。而审计长法案（Auditor General Act）则明确了审计机关执行公共部门审计的具体权力。根据审计长法案的规定，加拿大政府审计机关除须按照财务管理法案执行公共部门的财务报表审计外，审计机关还可以在其职权范围内，执行其他审计工作，比如绩效评价、合规性审计等。对于GBE，由于其主要从事市场化经营活动，以营利为目的，公司的组织形式、经营目标等均与一般私营部门的企业无重大差别，因此，其财务报表审计主要依据公司法的规定或基于市场需求，由公司的审计委员会或类似机构聘请独立的会计师事务所实施。

（二）公共部门会计审计准则体系建设

加拿大的公共部门会计准则委员会（Public Sector Accounting Board，PSAB）颁布了公共部门会计准则（Public Sector Accounting Standards），适用于除 GBE 以外的所有公共部门单位；对于 GBE，由于其主要为市场化经营，适用国际财务报告准则。此外，加拿大以“政府控制”作为公共部门的划分标准，因而民间非营利组织不属于公共部门的范畴。针对非营利组织，加拿大制定了专门的会计准则。审计准则方面，加拿大的公共部门与一般企业适用同样的审计准则。

（三）公共部门注册会计师审计执行模式、委托情况和费用安排

在加拿大，除 GBE 外，公共部门的审计主要由政府审计机关执行。在此基础上，审计机关可分包部分具体的审计工作给会计师事务所执行，但最终由审计机关的各级审计长（Auditor General）签署审计报告。在这种模式下，审计机关作为审计的负责人，对审计工作和结果进行复核。与此同时，加拿大的审计机关有时还主动邀请其他国家的审计机关对其审计工作进行独立的检查，例如，在 2003 年和 2009 年，加拿大先后邀请了英国和澳大利亚的政府审计机关对其工作进行了检查。

此外，针对能源等特殊行业的皇家企业，由于需要丰富的行业经验，审计长可能将审计工作全部交由具有相关行业审计经验的会计师事务所来执行，或者由审计长与会计师事务所联合审计。所谓联合审计，即由参与审计的所有审计师对工作分工达成一致意见并联合发表审计意见，共同签署审计报告。需要注意的是，联合审计主要存在于法国，由于存在成本高、责任划分不清等弊端，世界上其他国家和地区基本不采用这一审计方式。在加拿大，联合审计模式主要是为应对特殊情况而偶然发生的。

无论采用上述哪种模式，加拿大的审计机关均为公共部门（GBE 除外）的主审机关和最终责任方，若其将部分或全部审计工作外包给会计师事务所来完成，则由审计机关负责支付会计师事务所相应的审计费用。审计机关主要依靠财政资金，不向被审计单位收取审计费用。

四、德国

（一）公共部门划分标准、法规体系与法定审计要求

德国对公共部门没有明确的定义，在实践中基本上以“政府控制”作为公共部门的划分标准，因此，其公共部门主要包括各级政府部门以及政府控制的公司制企业。

针对公共部门审计，德国的做法总体上体现为“分类管理”的特点。德国将公共部门分为两类，一类是各级政府部门及其下设机构，另一类是政府控制的公司制企业。针对这两大类别，德国分别构建了相适应的法律体系和会计审

计制度。就法定审计要求而言，由于各级政府部门及其下设机构的财务信息是根据预算制度编制的，其审计要求主要适用预算类法律的规定。比如，联邦预算法案（Federal Budget Code）规定有关部门于每个财政年度结束后对联邦政府的预算收支详情及预算管理情况进行检查；对于政府控制的公司制企业，无论其是否属于国有，都统一受到公司法、商法等法律法规的约束。这一类法律通常规定，根据公司法或其他相关商法成立的企业单位每个财政年度需进行财务报表法定审计。

（二）公共部门会计审计准则体系建设

德国公共部门会计审计准则体系也采用“分类管理”的方式。对于各级政府部门及其下设机构，由于其财务报表主要反映财政收支情况，采用收付实现制的预算会计制度，主要由政府审计机关按照预算法或宪法等相关法律进行审计。而对于政府控制的公司制企业，其财务报表采用与一般私营部门一致的会计准则编制，通常由注册会计师进行审计，适用与一般私营部门一致的审计准则。

（三）公共部门注册会计师审计委托模式、监管情况和费用安排

在德国，各级政府及下设机构主要由政府审计机关审计，而政府控制的公司制企业则通常由被审计公司选聘注册会计师进行审计。公司制企业的治理层通常通过公开招标的形式选聘适当的注册会计师作为其法定审计师。在德国，注册会计师开展法定审计业务需经过一定的资格认证和注册程序，但该资格认证既适用于私营部门，也适用于公共部门。公共部门注册会计师审计费用由被审计单位承担。注册会计师提供的法定审计服务统一接受独立审计监管机构——审计监督委员会（Audit Oversight Commission，AOC）的监管。

五、俄罗斯

（一）公共部门划分标准、法规体系与法定审计要求

俄罗斯对公共部门没有明确的定义或划分标准，在实践中，俄罗斯的公共部门主要包括政府部门、俄罗斯中央银行、政府基金（如养老金）、国有企业

及其他由政府拥有或控制的机构等。上述各公共部门单位，除部分自主经营的非营利组织外，均须接受政府审计，由政府审计机关执行。每年审计机关确定当年的具体审计安排（如时间、范围、对象等），审计类型主要包括财务审计和合规性审计，审计报告不对外公开。但是，除政府审计外，部分公共部门单位还需接受独立的外部审计（财务审计），这些单位主要包括俄罗斯中央银行、医疗保险基金、国有上市公司及其他一些国有企业、自主经营的非营利组织等。

（二）公共部门会计审计准则体系建设

会计准则方面，俄罗斯的各级政府部门和政府基金适用预算会计制度，俄罗斯中央银行适用国际财务报告准则（IFRS）以及针对俄罗斯中央银行的特殊会计准则。其他单位，除部分上市公司和被要求采用 IFRS 的单位外，均采用与一般私营部门相同的俄罗斯当地的会计准则。审计制度方面，由审计机关执行的政府审计按照审计机关适用的法规（类似于中国的审计法）进行，独立的外部审计（通常由注册会计师执行）则适用俄罗斯当地的一般企业审计准则。针对采用 IFRS 编制的财务报表的审计，俄罗斯正在考虑要求采用国际审计准则，但预计在 2018 年之前较难实施。

（三）公共部门注册会计师审计委托模式、监管情况和费用安排

在俄罗斯，公共部门除接受政府审计外，部分单位还需要进行独立的外部审计。这一类审计主要由注册会计师执行。在这些单位当中，俄罗斯中央银行具有特别的招标程序，其审计师的选聘也需要经过俄罗斯的银行业监管机构 National Banking Counsel（类似于中国的银监会）的批准。其他单位则遵循一般政府采购程序向注册会计师购买审计服务。在俄罗斯，提供法定审计服务的注册会计师须取得本国的法定审计资格，审计费用由被审计单位承担。注册会计师提供公共部门审计服务，接受两个层面的监管：首先是国家监管机构 Rosfinnadzor，该机构对提供公共部门审计服务的会计师事务所及注册会计师每两年进行一次质量检查；其次是注册会计师行业协会，该协会对所有注册会计师和会计师事务所实施自律性监管。

六、澳大利亚

（一）公共部门划分标准、法规体系与法定审计要求

澳大利亚对公共部门没有明确的定义，但实践中通常以“政府控制/资助”作为划分标准。因此，澳大利亚的公共部门主要包括两部分：一是各级政府部门及其控制或资助的下设机构，二是政府控制的金融企业和非金融企业，后者也称作政府商业企业（Government Business Enterprises，GBE）。

在澳大利亚，规范公共部门审计要求的法律法规主要有两项。一项是审计长法案（Auditor - General Act，1997），该法案规定了审计长执行公共部门审计、保障公众利益相关的职责与权力，要求审计长根据该法案的规定，领导国家审计办公室（National Audit Office，NAO）负责对公共部门执行审计工作（包括财务审计、绩效评价和其他相关审阅、检查等）并向议会汇报。另一项法案是公共管理、绩效与责任法案（Public Governance，Performance and Accountability Act，2013），该法案主要针对公共部门的财务管理活动提出了相应的审计要求。

根据上述划分标准，在澳大利亚，慈善机构大多不属于公共部门，也不包含在 NAO 的审计范围之内。这些单位的审计主要受行业法规约束，或者基于市场需求，比如慈善机构希望获取更多慈善基金时，可能被要求向出资人提供经审计的财务信息。

（二）公共部门会计审计准则体系建设

澳大利亚的公共部门会计准则体系较为单一，只有一套会计准则，基本与国际财务报告准则（IFRS）趋同，同时适用于企业、公共部门及医院、高校和慈善机构。但是，澳洲会计准则委员会（Australia Accounting Standards Board，AASB）也认识到该套准则并非 100% 适用于非企业单位。因此，AASB 对其中一部分准则进行了修改，添加了适用于非企业单位的内容。对于这些修改，AASB 借鉴了由国际公共部门会计准则理事会（International Public Sector Accounting Standards Board，IPSASB）制定的国际公共部门会计准则（International Public Sector Accounting Standards，IPSASs）。同样的，在澳大利亚，注册会计师执行公共部门审计和一般企业审计适用同一套审计准则，政府审计机关执行公

共部门审计也同样适用这一套审计准则，且这套审计准则也是执行医院、高校和慈善机构审计应遵守的行为准则。

（三）公共部门注册会计师审计委托模式、监管情况和费用安排

澳大利亚的公共部门主要由政府审计机关 NAO 负责审计，但是，NAO 的责任范围不包括政府商业企业的绩效评价，议会或其他监管机构有时也会要求 NAO 对某一些公共部门单位执行专项审计或其他鉴证服务。在实践中，NAO 常将部分具体的审计工作外包给会计师事务所执行，但最终由审计长（Auditor General）签署审计报告。这一做法与加拿大类似。在这一模式下，会计师事务所的选聘过程包含了 NAO 对其胜任能力的评估，其执行的审计程序也须经过 NAO 的复核和质量监督。值得注意的是，NAO 常与外包的会计师事务所签订长期合约（5 年），合约期内每年都由该会计师事务所执行部分审计工作。

在公共部门审计费用安排方面，澳大利亚的做法独树一帜。NAO 执行常规的审计工作（如年度财务审计），会向被审计单位收取一定审计费用，但 NAO 并不依靠这些收费来支持其日常运营，其主要资金来源仍然是单独的财政预算。NAO 接受监管部门委托进行的专项审计，不会收取审计费用。当 NAO 将部分审计工作外包给会计师事务所时，由 NAO 向会计师事务所支付相应的审计费用。在澳大利亚，注册会计师参与公共部门审计，平均收费标准总体上略低于私营部门，但注册会计师参与公共部门审计的范围是比较广泛的，且服务周期较长。

在澳大利亚，由于医院、高校和慈善机构提供公共服务且不以营利为目的，相应的审计安排也有别于一般企业。对于医院和高校，其审计工作主要由州一级的审计机关（如维多利亚州审计长办公室）执行。同 NAO 一样，州一级的审计机关也常将部分具体的审计工作外包给会计师事务所，并对其完成的工作实施监督，最终签署审计报告。对于慈善机构，则通常由具有法定审计资格[①]的注册会计师执行审计工作。

---

① 澳大利亚要求注册会计师在监管机构注册成为公司法定审计师（Registered Company Auditor, RCA）后，方可开展法定审计业务。

七、日本

（一）公共部门划分标准、法规体系与法定审计要求

日本对公共部门没有明确的定义和统一的划分标准，实践中。日本的公共部门主要包括中央及地方政府、准政府机构（Incorporated Administrative Agency）、医院及高校。其中，准政府机构是指一些独立于政府但执行公共服务的机构，这些机构通常不受政府控制，接受但不完全依靠财政资金，但是通过国家立法被赋予一定的行政权力，因而有别于私营部门。日本政府观光局（Japan National Tourism Organization，JNTO）就属于这样的机构。准政府机构、医院及高校这三类单位也统称为政府相关机构（Government Related Entities，GRE）。

对于公共部门的审计要求，中央及地方政府的财务信息主要由政府审计机关（Board of Audit of Japan）负责审计（主要针对收支情况），具体的审计范围、对象等由审计机关确定。政府相关机构也有法定财务审计要求，主要由会计师事务所执行。除财务审计外，日本的审计机关还可以在其职权范围内根据具体情况对公共部门执行一些特别的专项审计。比如，审计机关若在执行常规的审计或检查活动中发现某项交易存在不恰当的地方，就会针对这项交易做进一步的检查，并提出改进要求，主要目标是对公共部门的财务状况进行总体监管。

（二）公共部门会计审计准则体系建设

日本的公共部门会计准则体系与德国的情况类似，针对政府部门和政府相关机构分类管理，政府部门采用预算会计制度，政府相关机构采用专门的会计准则和财务报告框架。但该会计准则与日本的一般企业会计准则十分接近，除在一些特殊会计事项上有差异外，总体上基本一致。审计准则也是一样，审计机关负责政府部门的审计，按照相关法律赋予审计机关的权力和职责执行审计工作。会计师事务所负责政府相关机构的审计，基本上按照与私营部门一样的审计准则执行审计工作。

（三）公共部门注册会计师审计委托模式、监管情况和费用安排

日本的政府部门主要由审计机关负责审计，注册会计师主要负责政府相关机构的审计。审计师的选聘主要采用招标的形式，由各被审计单位对应的政府监管机构（如 Ministry of Internal Affairs and Communications，MIC）负责对参与竞标的审计师的资质和胜任能力进行评估，审计费用由被审计单位承担。注册会计师执行的审计，不论是针对公共部门还是私营部门，都统一接受独立审计监管机构的监管。

八、新加坡

（一）公共部门划分标准、法规体系与法定审计要求

新加坡的公共部门主要包括政府部门及其下设机构、准政府机构（Statutory Boards）、医院、学校等。新加坡的准政府机构与前述日本的此类机构在性质上很相似，独立于政府但具有一定的行政权力，管理经济、文化、教育、农业、医疗等各个领域的公共服务。新加坡准政府机构的代表是经济发展局（Economic Development Board，EDB），此外，新加坡的注册会计师监管机构与企业监管机构（Accounting and Corporate Regulatory Authority，ACRA）也属于准政府机构。

新加坡公共部门的主审机关是审计长办公室（Auditor - General's Office，AGO），新加坡针对审计活动的法案（如审计法案，Audit Act）以及公共部门财务管理的法案（如财务程序法案，Financial Procedure Act）规定了公共部门的审计要求，也明确了 AGO 的职责与权力。在这样的法律框架下，AGO 主要执行两种类型的审计：一种是常见的财务审计；另一种是专项审计，主要针对财政资金的使用情况，检查其有效性、合规性。专项审计的具体审计范围、对象等由 AGO 确定。

但是，AGO 并不负责所有公共部门的审计，准政府机构、医院、学校等既可以由 AGO 审计，也可以由独立的会计师事务所审计。对于这些单位，AGO 具有是否对其审计的优先选择权，若 AGO 决定不对其进行审计，被审计单位须选聘独立的会计师事务所对其进行审计。值得注意的是，对于准政府机构，新加坡要求审计师在年度审计报告中除对其财务报表是否公允列报发表意见外，

还要求对其会计及相关记录（包括对资产购买、捐赠的记录）是否妥善保管以及该机构所有收支与资产购买处置是否符合相关法律规定等发表意见。

（二）公共部门会计审计准则体系建设

新加坡的公共部门会计准则体系建设与实施情况与日本、德国较为相似，政府部门及其下设机构采用收付实现制的预算会计制度，准政府机构虽然拥有专门的财务报告准则，但与一般企业的财务报告准则基本一致，其他单位均采用一般企业的财务报告准则。审计准则方面，新加坡只有一套审计准则，适用于所有单位的审计业务。

（三）公共部门注册会计师审计委托模式、监管情况和费用安排

新加坡的政府部门及下设机构主要由政府审计机关 AGO 进行审计，其他公共部门可按照一般采购程序，向注册会计师购买服务，并承担审计费用。当然，在新加坡，注册会计师提供的法定审计服务统一接受 ACRA 的监管。

九、中国香港特区

（一）公共部门划分标准、法规体系与法定审计要求

香港特区对公共部门没有明确的定义，除政府部门属于公共部门外，一些接受政府财政补贴但独立于政府运营的机构（如贸易发展局，Hong Kong Trade Development Council，HKTDC）通常也被纳入公共部门的范畴。这些机构在性质和功能上与日本和新加坡的准政府机构较为相似。

香港特区政府的综合财务报表由香港特区库务署（Treasury Department of HKSAR）编制，由香港特区审计署（Audit Commission of HKSAR）审计。其他准政府机构自行编制财务报表，并选聘注册会计师对其进行审计。此外，香港特区政府还可能聘用注册会计师针对政府财政补贴进行专项审计，比如检查财政补贴使用的合规性，评估接受补贴单位内部控制的有效性等。目前，香港特区政府各部门的财务报告要求和审计要求已在《香港法例》中明确作出规定，包括必须编制什么财务报表、按照什么会计准则和财务报告框架编制、必须经过审计等，这些规定为公共部门的财务报表编制和审计提供了法律基础，确立

了统一标准。

（二）公共部门会计审计准则体系建设

香港特区政府各部门的财务报表，近二十年来逐渐由收付实现制向权责发生制转变，这一转变是必然趋势。收付实现制下，收入与费用都按现金支付时点记录，因而不能准确反映实际的预算执行情况，按收付实现制编制的报表提供给报表使用者的财务信息并不准确，不利于预算管理。例如，由于未支付的费用没有进行预提，某部门财务报表显示收支平衡但实际上是财政赤字的状况。此外，在收付实现制下，财务报表编制者也可能通过提前或延迟某些费用支付时点来达到调节财务报表的目的。同时，香港特区政府将企业的内部治理架构引入公共部门，设立了与一般企业类似的审计委员会、薪酬委员会、内审机构等内部治理和监督机构。准政府机构则通常采用与一般企业同样的香港财务报告准则。香港注册会计师提供公共部门审计服务遵循与私营部门审计同样的审计准则。

（三）公共部门注册会计师审计委托模式、监管情况和费用安排

在香港特区，注册会计师主要参与准政府机构的审计，由被审计单位自主选聘审计师，承担审计费用。注册会计师执行的审计业务统一接受独立审计监管机构的监管。

第二节　世界主要经济体实施公共部门注册会计师审计制度的启示

一、世界主要经济体实施公共部门注册会计师审计制度主要模式的对比分析

（一）公共部门的定义和分类

对于公共部门，一些国家和地区具有明确的定义；其他一些国家和地区，

虽然对公共部门没有明确的定义，但实际操作中通常也依据一些类似的基准来划分是否属于公共部门单位，如“政府所有/控制”、“政府资助”等；另一些国家和地区，经过一定的历史演变，部分公共服务的职能从传统的政府部门中分离出来，由一些独立运营的准政府机构来执行。在这些国家和地区，单纯地以“政府拥有”或“政府控制”等“一刀切”的方式来定义和划分公共部门是不完整的，被审计单位的“职能”也成为公共部门的划分标准之一。

由于各个国家和地区的政治经济体系不同，公共部门的范围和分类有所差异，因此，本报告综合各个国家和地区的情况，将世界其他国家及地区对公共部门的分类归纳为以下几个类别：

1. 政府机关

政府机关（类似于我国的国家机关）可以进一步细分为中央政府及其部门（各部委）、地方政府及其部门以及政府直接控制的下属机关、组织等。

2. 准政府机构

准政府机构主要是指管理公共事务但独立于政府运营的行政机构，如新加坡的经济发展局，类似于我国的事业单位。

3. 学校、医院、公用事业单位

学校、医院、公用事业单位大多属于“非营利组织”的大范畴，但由于这些机构都是比较重要的社会机构，且在各个国家和地区普遍存在，因此在本章作为单独的类别进行分析。这些机构在大多数国家和地区主要由政府控制运营，且不以营利为目的，因而大多被纳入公共部门的范畴。但在有些国家，比如美国，这些机构中有少部分是私人拥有的，则可能根据所有者的不同，部分属于公共部门，部分属于私营部门。

4. 其他非营利组织

非营利组织是所有不以营利为目的的组织的统称，非营利组织涵盖范围较广，涉及的行业众多，组织形式多样，既有政府主导和支持的，也有民间自发的。常见的慈善机构或公益性组织（如红十字会）都属于非营利组织的范畴。在本报告研究的主要国家和地区中，对于非营利组织是否属于或哪些属于公共部门的划分标准比较模糊，有些国家（如德国、加拿大）统一按“政府控制/拥有”作为划分标准，有些国家（如英国）则将非营利组织作为单独一个部门来看待。因而，对于非营利组织的审计，通常通过一些专门的行业性法规来约束和规范。

5. 国有企业

国有企业，顾名思义，有两层含义，一是“国家拥有或控制”，二是法律形式为“企业”。“国家拥有或控制”使得很多国家将国有企业归属于“公共部门”，但“企业”这个法律形式又使得国有企业具备一定私营部门的特性。正因如此，一些国家对国有企业是否归属于公共部门的界定较为模糊。在本报告中，我国国有企业未纳入公共部门范畴，其审计要求也不在本报告研究范围内，因此本章对于国有企业审计要求不作更详细的分析。

（二）公共部门审计的法规体系

公共部门在很多国家和地区是一个很广义的概念，包含在公共部门内的单位具有不同的组织形式，涉及不同的行业，因而公共部门审计的法规体系也呈现出多层次和交叉性的特点。从本报告研究的主要国家和地区来看，公共部门审计的法规体系，一定程度上与上述公共部门的分类相匹配，不同类别的部门适用该部门相关的基础法律法规。但在此基础上，在有些国家和地区，还设定了针对财务管理、审计活动及政府拨款等的专项法律，同时还可能涉及一些行业法规。具体来看，公共部门审计相关的法律法规大致上可以分为以下几个类型：

1. 预算类法律

这一类法律主要对象是政府及其下属机构这些归属于政府预算管理范畴的单位。预算类法律主要规定了针对政府部门预算支出审计的要求，即预算审计。

2. 针对财务管理活动的法律

这一类法律针对公共部门的财务管理活动，通常包括财务报告要求和审计要求，适用的单位主要为政府部门和一些国有企业，例如美国的财务总监法案、新加坡的财务程序法案、澳大利亚的公共管理、绩效与责任法案等。

3. 针对审计活动的法律

一些国家和地区制定了专门针对公共部门（主要为政府部门）审计活动的法律，这一类法律通过约束公共部门审计机关或审计监管机构的权利和义务来明确公共部门审计的范围、频率等。此类法案包括新加坡的审计法案、澳大利亚的审计长法案等。

4. 针对政府拨款的法律法规

这类法律源自美国。美国的政治体系具有“分权制衡”的特征，同时很多社会经济职能由私营部门承担。但是，联邦政府每年都会向州和地方政府以及一些非营利组织拨款，为统一管理联邦政府拨款，确保其得到有效使用，美国出台了单一审计法案，统一对所有接受财政拨款的单位的审计要求。因此，这项法案覆盖的单位也可能涉及一些接受联邦拨款的私营部门单位。

5. 行业法规

非营利组织和国有企业涉及各行各业，因此也适用相关行业法规。同样，针对慈善机构、医院及其他非营利组织在多数国家和地区也制定了一些行业法规，来规范这些机构的审计要求。

（三）公共部门法定审计要求及审计报告使用情况

在多层次的公共部门审计法规体系下，公共部门审计和审计报告使用情况与私营部门相比也更加多样化。除法定审计要求外，参与市场活动的公共部门也依据市场需求进行审计。表2-1至表2-4按照上述公共部门的分类，对所研究国家和地区的公共部门的审计类别、法定审计要求和审计报告使用情况进行了归纳总结。

表2-1　　政府部门

审计类别	法定审计要求	审计报告使用情况
财务审计	各个国家和地区通常对政府部门的财务审计有法定要求。当然，有些国家和地区的政府部门财务信息目前还是根据预算会计制度编制的，因此，此处的财务审计也包含“预算审计”	有些国家和地区的政府部门财务审计报告（包含被审计的财务信息）向社会公众公开（如美国），有些则主要向国会/议会等国家权力机构报告（如俄罗斯）
绩效评价	绩效评价的对象和目标具有多样性，评价对象可能为某一单位，也可能为某一具体项目，评价目标可能为内部控制有效性，也可能为某项特定成果。因此，大多数国家和地区对绩效评价没有统一规定，通常的做法是赋予审计机关一定的自主权，由审计机关在相关的法律框架下确定绩效评价的对象、目标、范围和频率等	此类评价报告的使用者通常为国会/议会等国家权力机构或其下设的政府监督机构

续表

审计类别	法定审计要求	审计报告使用情况
合规性审计	合规性审计与绩效评价类似，但多样性和不确定性低于绩效评价。因此，有些国家和地区（如俄罗斯）对政府部门的合规性审计（如预算资金使用的合规性）在相关的法规中有明确的要求。有些国家和地区（如美国）将财务审计和合规性审计结合起来，要求同时对财务列报公允性、内部控制有效性以及财政资金使用合规性发表意见	美国财务审计与合规性审计相结合，最终形成一份审计报告，审计报告多数向社会公众公开。其他国家和地区，则根据具体规定主要向国会/议会等国家权力机构或其下设的政府监督机构报告
其他	在一些国家和地区，审计机关承担监管公共部门财务的职责，并被赋予一定的自主权，可根据具体情况执行一些特别的专项审计	此类审计报告的使用者通常为国会/议会等国家权力机构或其下设的政府监督机构

表 2－2　　准政府机构

审计类别	法定审计要求	审计报告使用情况
财务审计	有法定审计要求	此类审计报告的使用者通常为国会/议会等国家权力机构或其下设的政府监督机构，或者该机构自身的治理层
绩效评价	通常无法定审计要求，审计机关认为有需要时开展	
合规性审计	通常无法定审计要求，但是美国、新加坡等要求审计师在年度审计报告中同时对财务报表的公允性和其他相关事项的合规性同时发表意见	
其他	通常无法定审计要求，审计机关认为有需要时开展	

表 2－3　　学校、医院、公共事业单位

审计类别	法定审计要求	审计报告使用情况
财务审计	对于学校和医院，英国和日本等有明确的法定审计要求，公共事业单位若属于公司法/商法管理的范畴，适用公司法/商法下的审计要求，其余则需要具体情况具体分析。例如，在美国，州立大学可能根据州立法而被要求进行法定审计，医院可能由政府运营或接受联邦拨款而具有法定审计要求。实践中，此类单位的审计很多时候是基于市场需求发生的，如因融资需求（如发行债券）而被金融机构或相关监管机构要求提供经审计的财务报表等	此类审计报告的使用者主要为单位的治理层、赞助人、监管机构，因融资需求而执行的审计，报告使用者还包括相关金融机构和监管机构
绩效评价	通常无法定审计要求	不适用

第二部分

续表

审计类别	法定审计要求	审计报告使用情况
合规性审计	通常无法定审计要求，但美国例外。在美国，适用单一审计法案的相关规定（接受超过一定金额的联邦拨款）的单位，其年度审计须包含合规性审计的内容	在美国，根据单一审计法案的规定实施的审计，审计报告多数向社会公众公开
其他	通常无法定审计要求	不适用

表 2-4　　　　其他非营利组织

审计类别	法定审计要求	审计报告使用情况
财务审计	非营利组织审计要求主要依据相关行业法规。实践中，非营利组织审计很多时候是基于市场需求，非营利组织规模越大，涉及的利益相关者越多，审计需求就越大。一些大型慈善机构和公益性组织通常会对其财务报表进行审计	同以上学校、医院、公共事业单位中描述的情况
绩效评价	通常无法定审计要求	不适用
合规性审计	同以上学校、医院、公共事业单位中描述的情况	同以上学校、医院、公共事业单位中描述的情况
其他	通常无法定审计要求	不适用

表 2-5 对不同国家和地区审计模式的特点进行了归纳。

表 2-5　　　　审计模式对比

审计要求	代表国家/地区	特点
财务审计		
针对不同类别的公共部门分别在不同法律框架下制定法定审计要求	英国、德国、日本等大多数国家和地区	• 因地制宜。不同类别的公共部门从事不同的活动，适用的会计准则也不一致，区别对待不同类别的公共部门及其适用的法律框架体系，能够体现行业特色，也能够保证行业内部的统一性； • 有些单位可能接受大量财政拨款，但在其所属类别的法律框架下，不具有法定审计要求，从而难以实现财政资金的审计全覆盖
要求所有接受超过一定金额联邦政府拨款的单位（无论其性质和行业）接受统一的审计	美国	• 较高程度地实现了对中央政府财政资金的审计全覆盖； • 针对接受财政拨款的单位统一了审计范围、目标和准则，规范化管理； • 可能导致同一行业的单位适用不同审计要求、审计制度，造成同行业单位的审计报告缺乏可比性

续表

审计要求	代表国家/地区	特点
其他审计（绩效评价、合规性审计等）		
无法定审计要求，审计机关具有确定审计对象、范围、频率等的自主权	日本、加拿大等	• 比较灵活，一定程度上增加了审计的不可预见性； • 对症下药，能够对实践中发现的问题及时作出反应； • 审计覆盖面有限； • 对审计机关的独立性要求较高，需要建立对审计机关的制约机制
无法定审计要求，监管机构需要时提出委托申请	英国	• 由监管机构分担了部分审计机关的监管职责，也能对审计机关的职权起到一定制约作用； • 审计覆盖面有限； • 具有不确定性，不利于审计机关对审计工作作统一筹划
部分有法定审计要求，具体执行方式由审计机关确定	俄罗斯	• 具有一定的灵活性； • 部分单位需要接受审计机关和独立外部审计师的双重审计，审计内容可能存在一定重叠
与财务审计要求结合	美国、新加坡	• 提高了审计效率，避免重复工作 • 增加了审计难度，要求审计师具备一定的公共部门相关法律知识

（四）各公共部门对应的会计标准、审计标准及职业道德准则

本部分将第一节中介绍的各个国家和地区公共部门会计标准、审计标准及职业道德准则作以下归纳总结。

1. 会计标准

综合所研究国家和地区的实践，公共部门会计标准可归纳为以下四种模式：

（1）针对不同类别的公共部门制定不同的会计标准及财务报告框架。采用这种模式的代表国家是美国和英国。美国拥有两套政府会计准则，分别适用于联邦政府和州及地方政府。其他单位，如医院、学校及其他非营利组织，有的适用政府会计准则，有的适用一般企业会计准则及针对非营利行业的特殊解释和指南。而英国则是以国际财务报告准则（IFRS）为基础，根据各类公共部门单位经营活动的特性加入特别的解释和指南，形成适合各类公共部门的会计核算和财务报告制度。

（2）制定专门的公共部门会计准则。采用这一模式的国家是加拿大，但该准则不适用于市场化经营的政府商业企业及不属于公共部门范围的民间非营利组织。

（3）政府部门主要采用预算会计制度，其他单位适用与私营部门基本一致的会计准则。德国、日本、新加坡等国主要采用这种模式。在该模式下，政府部门的财务报表主要反映财政收支情况，采用收付实现制的预算会计制度，而非政府机构、公共事业单位等其他单位则采用与私营部门基本一致的会计准则。

（4）公共部门与私营部门适用的会计准则基本一致，但针对公共部门有部分特殊性修订或规定。采用这一模式的代表国家是澳大利亚。

此外，普华永道全球网络公共部门研究小组的一项全球调查显示，尽管世界上各个国家和地区的公共部门会计标准多种多样，但总体上呈现出向权责发生制转换的趋势，同时，各个国家和地区也展现出进一步改善公共部门会计核算体系、提高公共部门财务信息透明度的决心。该调查还进一步指出成本核算、绩效管理、固定资产管理等方面是公共部门会计改革的重点。

2. 审计标准

综合所研究国家和地区的实践，公共部门审计标准可归纳为以下三种模式：

（1）制定专门的政府审计准则。采用这一模式的国家主要是美国，大多数公共部门单位，无论由政府审计机关审计还是由会计师事务所审计，都须按照美国政府审计准则（GAGAS）的规定执行审计工作。

（2）政府部门的审计依据相关法律执行，其他公共部门按照与私营部门一致的审计准则执行。采用这一模式的主要有德国、俄罗斯和日本。在该模式下，政府部门通常由审计机关依据相关法规制度（如宪法、审计法等）进行审计，准政府机构和国有企业等其他单位则由会计师事务所按照与私营部门一致的一般审计准则进行审计。

（3）所有审计适用与私营部门一致的一般审计准则。其他国家和地区采用这种模式，各单位各类审计均按照一般审计准则执行，如：英国、澳大利亚、新加坡。

表 2－6 归纳了公共部门审计标准三种模式的特点。

表 2-6　公共部门审计标准对比

主要模式	代表国家/地区	特点
制定专门的政府审计准则	美国	• 标准化公共部门审计活动的行动准则，无论由谁来审，被审计单位是何行业，都适用同一套准则。 • 适用性通过一些具体的法案来规定，并非针对所有公共部门，也可能针对一部分私营部门，实际操作具有一定复杂性。 • 可能在一定程度上忽略了被审计单位的行业特性
审计机关对政府部门的审计依据相关法律执行，注册会计师对其他单位的审计按照与私营部门一致的审计准则执行	德国、日本、俄罗斯	• 考虑了政府部门与其他公共部门单位在经营活动、会计核算和财务信息列报等方面的区别。 • 目前世界上很多国家和地区都在逐步实现政府会计核算和财务报告体系向按权责发生制编制的综合财务报表的转变，这种模式不足以应对这一变化趋势
所有审计适用与私营部门一致的一般审计准则	其他国家和地区	• 简单易执行。 • 标准化所有审计活动的行动准则。 • 缺乏对公共部门的特殊考虑，公共部门审计的目标与私营部门存在一定差异

3. 职业道德准则

对于职业道德准则，一个普遍的规律是审计机关遵守相关法律规定，会计师事务所遵守注册会计师的职业道德准则。美国的情况略有不同，美国的GAGAS 中也包含了职业道德准则的内容，适用 GAGAS 的审计自然也需要遵守GAGAS 的职业道德准则。当然，GAGAS 中包含的职业道德准则整体上与注册会计师的职业道德准则并无重大差异。

（五）公共部门审计的委托模式、准入要求及监管情况

1. 委托模式

委托模式的讨论包括三方面内容：由谁委托；由谁进行审计；如何选聘审计师。

（1）由谁委托。综合所研究国家和地区的实践，“由谁委托”的问题可以归纳为以下几种模式：

①由审计机关根据相关法律规定执行审计。这种模式在各个国家和地区普遍存在。审计机关担负公共部门全部或部分的审计职责，根据相关法律规定定

期对部分或全部公共部门单位进行审计。同时，在很多国家和地区，审计机关被赋予一定的自主权，可在权力范围内根据相关法律规定对某些公共部门单位执行不定期的审计或检查（包括财务审计、绩效评价和合规性审计）。

②专设独立机构委托审计师审计。这一模式主要在英国实施。英国自其地方审计和责任法案生效日（2015 年 3 月 31 日）起，由公共部门审计任命有限公司（Public Sector Audit Appointments Limited，PSAA）负责安排地方政府的审计工作。

③被审计单位根据法律要求或市场需求委托审计师审计。这也是一种在大多数国家和地区普遍存在的模式，尤其是审计机关审计范围外的公共部门，通常由被审计单位自行委托审计师进行审计。

④监管机构委托审计师审计。这种委托方式主要针对一些绩效评价或其他非常规的专项审计。存在该种委托方式的代表国家是澳大利亚等。

（2）由谁进行审计。对于“由谁进行审计”，各个国家和地区的实践中主要包括以下三种模式：

①审计机关与会计师事务所相互补充。大多数国家和地区采用这种模式，包括美国、英国、德国、俄罗斯、日本、新加坡和中国香港地区。其中，英国、德国、日本、新加坡和中国香港地区的情况比较相似，审计机关主要负责各级政府部门的审计（英国除外，英国的审计机关主要负责中央政府的审计），其他公共部门单位的审计由会计师事务所完成。俄罗斯的情况与这些国家和地区基本相似，也是由审计机关与会计师事务所分别承担对政府机关和其他单位的审计工作，但在俄罗斯，政府机关以外的公共部门单位（主要为国有企业、中央银行等），除接受会计师事务所的法定财务报表审计外，还需接受审计机关的专项财务审计和合规性审计。而在美国，各类别的公共部门审计由审计机关与会计师事务所相互补充完成。

②审计机关主审，同时外包部分审计内容由会计师事务所执行。澳大利亚和加拿大主要采用这种模式。

③审计机关与会计师事务所联合审计。这种模式仅发生在加拿大等个别国家，且仅针对部分特殊行业的皇家企业偶尔发生。

（3）如何选聘审计师。关于“如何选聘审计师”，除“审计机关根据相关法律规定执行审计”的情况外，在其他情况下，会计师事务所参与公共部门审计工作基本上都需经历选聘的过程。在本报告研究的主要国家和地区中，公共部门购买服务都遵循一定的采购程序，针对购买审计服务，并没有特别的法律规定。对于审计师的选聘，大多数国家和地区采用公开招标的方式，有些国家（如美国）还进一步强调了竞争机制的重要性。课题组还注意到，一些国家和地区对“由谁选聘审计师”作出了一些特殊安排和要求。比如，英国由独立机构 PSAA 负责安排地方政府审计师的评估和选择，美国在各级政府部门设立了内部监察岗位，审计师选聘即其监督职责之一。

表 2－7 对公共部门审计的委托模式及其特点进行了分析归纳。

表 2－7　　公共部门审计委托模式对比

主要模式	代表国家/地区	特点
政府部门由审计机关主审，其他公共部门单位由会计师事务所主审	英国[①]、德国、日本、新加坡、中国香港特区	• 方便监管和行政管理 • 会计师事务所参与的公共部门审计范围有限，主要还是针对一些参与市场活动的公共部门单位，因而不利于增加政府审计的透明度
各类公共部门单位的审计都由审计机关与会计师事务所相互补充	美国	• 会计师事务所参与到方方面面的公共部门审计活动中，有利于增加政府的透明度 • 对会计师事务所和注册会计师的要求较高，要求其熟练掌握政府部门的背景和专业知识
审计机关主审，同时外包部分审计内容由会计师事务所执行	澳大利亚、加拿大	• 减轻了审计机关的审计负担，同时在一定程度上保证会计师事务所在执行公共部门审计时得到足够的指导，审计质量也受到监督 • 可能增添政府预算管理的难度
审计机关与会计师事务所联合审计	加拿大	• 可综合利用审计机关与会计师事务所的专长 • 联合审计存在审计责任划分不清、审计成本较高等种种弊端

2. 准入要求

政府审计机关的审计人员属于政府公务人员，成为政府审计机关的审计人员通常须经过一系列资质审核和选拔程序，确保政府审计人员具有足够的专业胜任能力。会计师事务所及其注册会计师开展公共部门法定审计，通常需在公

① 英国的中央政府由政府审计机关审计，地方政府自 2015 年 3 月 31 日起，将主要由独立的会计师事务所审计。

认权力机构进行资格认证或注册，以确保从事审计服务的事务所和个人具有恰当的执业资格，但各个国家和地区一般没有额外的资质要求。当然，如前文所述，公共部门审计师的选聘过程就包括对审计师胜任能力的评估，其中，独立性、专业知识、技能和经验、良好的品行等都是普遍要求。

3. 监管情况

总体来看，大多数国家和地区的审计机关通常由更高一级权力机构或其他独立政府机构监管，而会计师事务所一般受独立审计监管机构①的监管。换言之，会计师事务所无论开展公共部门审计服务还是私营部门审计服务，均统一接受独立审计监管机构的监管。课题组还观察到，世界各个国家和地区都设立了独立的法定审计监管机构。

在审计机关主审，同时外包部分审计内容由会计师事务所执行的模式下，审计机关单独签署审计报告，其角色好比一个审计项目的主管合伙人，而外包的会计师事务所则作为核心项目组成员执行具体的审计程序，会计师事务所会将审计工作中注意到的问题定期向审计机关汇报，审计机关则对会计师事务所完成的审计工作进行复核，对其审计质量实施监督。即便如此，审计机关并不替代独立审计监管机构对会计师事务所的全面统一监管。

此外，在一些国家和地区，会由一些独立的政府监督机构负责对会计师事务所开展的公共部门审计工作进行质量检查及监督。例如，美国要求每个政府部门的 IG 采取适当的措施，对会计师事务所提供的审计服务实施监督，确保执行的审计工作均遵守了相关的准则与法规。此外，GAO 与其他一些与政府审计相关的机构，例如行政管理和预算局（Office of Management and Budget，OMB）也会对会计师事务所开展的政府部门审计工作实施一定的监督。英国则要求 PSAA 对会计师事务所审计质量进行一定的监督和检查。同样的，这些部门的检查监督职责源于委托关系，属于委托方对受托方履约责任的督促检查，对会计师事务所的全面监管和纪律处罚的权力仍掌握在独立审计监管机构手中。换言之，如委托方认为受托事务所不胜任工作，可以解除合约，但对事务所的处理处罚权力仍由独立审计监管机构履行。

第二部分

---

① 世界上绝大多数国家和地区都设立了独立的审计监管机构，对本国/地区注册会计师行业，特别是审计活动进行持续的监管和质量控制。

（六）公共部门注册会计师审计责任的界定

通过前述分析，除美国制定了专门的公共部门审计准则外，在本报告研究的其他国家和地区中，注册会计师开展公共部门审计主要依据和遵守的仍然是与私营部门审计一致的一般审计准则。因此，对于公共部门审计，注册会计师的审计责任与其开展私营部门审计时承担的审计责任并无差异。而美国的公共部门审计准则，在审计责任方面也与一般审计准则无重大差异。

（七）公共部门注册会计师审计费用的安排

本部分针对公共部门注册会计师审计费用的安排，综合主要研究的国家和地区的实践情况，重点讨论三个方面内容：注册会计师审计费用由谁支付；注册会计师审计费用与政府财政预算的关系；公共部门注册会计师审计费用定价情况。

1. 注册会计师审计费用由谁支付

（1）审计机关根据相关法律规定执行审计。在这种模式下，当审计机关将部分审计工作外包给注册会计师完成时（如加拿大），由审计机关向注册会计师支付相应的审计费用。

（2）由专设的独立机构委托审计师进行审计。这种模式主要在英国存在，适用于英国的地方政府部门、警察局和医疗机构的审计。在这种模式下，虽然审计费用由专设的独立机构 PSAA 统一确定，但仍然由被审计单位支付。

（3）被审计单位根据法律要求或市场需求委托独立审计师进行审计。在这种模式下由被审计单位支付审计费用。

（4）监管机构委托审计机关进行审计。这种模式源于澳大利亚，由于在这种模式下执行审计工作的是澳大利亚政府审计机关 NAO，其具有独立的财政预算资金支持日常运营，因而不针对此部分审计收取额外的审计费用。

2. 注册会计师审计费用与政府财政预算的关系

关于公共部门注册会计师审计费用与政府预算的关系，本报告分别从注册会计师执行公共部门财务报表法定审计业务和其他审计业务两个方面来分析。对于注册会计师执行公共部门财务报表法定审计业务，又可以区分审计机关购买注册会计师服务和注册会计师独立承担审计业务两种情形。在主要由审计机关购买注册会计师专业服务的国家和地区，审计机关拥有单独的财政预算，如果审计机关将部分工作外包由注册会计师完成（如加拿大），审计机关相应地会在自己的财政预算中安排这些外包工作经费。在澳大利亚，尽管被审计单位有时支付给审计机关一定的审计费用，但审计机关并不依靠这些收费来支持其日常运营，审计机关的主要资金来源仍然是单独的财政预算。在其他国家和地区（如美国、新加坡、日本等），注册会计师独立承担部分公共部门的法定审计业务，审计费用由被审计单位承担，这部分费用就包含在被审计单位自身的费用预算内，最终的来源仍主要是财政预算。对于其他一些基于市场行为产生的审计业务，比如地方政府公开发债，根据证券市场监管机构的要求，其财务报表需要进行审计并向投资者披露，这类审计费用通常由公共部门的收入来弥补。

3. 公共部门注册会计师审计费用定价情况

公共部门选聘注册会计师作为其审计师，在大多数国家和地区都采用公开招标的形式，因此，最终的审计费用是市场竞争的结果，与私营部门注册会计师审计费用的定价情况并无实质差别。但是，本报告在研究分析中也发现，有些国家表现出来的实际情况是受政府预算等限制，公共部门注册会计师审计平均收费标准略低于私营部门，这样的国家主要包括澳大利亚、加拿大。值得注意的是，这两个国家公共部门注册会计师审计的模式都主要由审计机关主审，注册会计师承担部分审计工作。在这种模式下，审计机关签署审计意见，注册会计师承担的责任相对低于注册会计师独立审计时所承担的责任，这也是导致其审计收费标准略低的原因之一。

二、世界主要经济体实施公共部门注册会计师审计制度的启示

（一）注册会计师广泛参与公共部门审计是大势所趋

在美国和英国，中央政府主要由国家审计机构审计，地方政府以及高等学校、医院等非营利组织主要依靠注册会计师审计；新加坡、香港等地则采取政府部门主要由审计机关审计、准公共部门主要由注册会计师审计的模式；澳大利亚和加拿大的公共部门由国家审计机关主审，但大量聘请注册会计师参与和协助。此外，法国、加拿大还存在政府审计机关与注册会计师联合审计的模式。总的来看，不管采取何种模式，注册会计师广泛参与公共部门审计已成为必然。

究其原因，主要有二：一是政府审计力量难以满足日益增长的公共部门审计需要；二是公众对提高公共部门透明度和改进监督方式的要求不断增强。

（二）建立健全法规体系是注册会计师开展公共部门审计的有力基础

总的来看，所研究的国家和地区普遍制定了关于公共部门审计的法律法规，主要包括两方面：一是针对公共部门财务管理活动的法规，主要明确公共部门财务信息的编制责任和法定审计要求；二是针对公共部门审计活动的法规，主要规范公共部门审计执行者的权利和义务，保障审计活动依法依规进行。这两类法规相互联系、互为补充，确保公共部门审计有法可依和有效实施。与国家审计机关相比，注册会计师地位相对较弱，因此，需要确保公共部门审计的立法高度，为注册会计师独立开展审计工作提供有力的法律支撑。

（三）财务报告审计是公共部门注册会计师审计的核心

综合各个国家和地区的情况，公共部门审计内容比一般企业的审计更加多样化。但是，对公共部门财务报告的法定审计是注册会计师参与公共部门审计的主要内容，这是与公共部门的审计需求以及注册会计师的专业知识和技能相适应的。除法定审计外，在不少国家和地区，公共部门因市场原因产生的审计需求通常也由注册会计师来完成。比如，美国的州及市镇一级政府常常通过发行政府债券的方式进行融资，由于公开市场发债是市场行为，其相关的财务报告和审计要求也基本类似于一般企业发债的市场化操作模式，政府须于首次发行时和发行后公开披露一定的财务信息，并由独立的会计师事务所进行审计。

（四）财政预算是公共部门注册会计师审计的主要经费保障形式

从所研究的国家和地区来看，无论是注册会计师独立开展公共部门财务报告审计，还是通过政府购买服务形式接受国家审计机关或其他监管机构委托实施预决算等特定事项审计，其审计经费一般由财政预算保障。其中，前者一般列入被审计单位的预算，后者一般列入国家审计机关等服务购买方的预算。在收费标准方面，大多数国家由会计师事务所与委托单位在市场化原则下自主协商，一般比私营部门审计收费标准低30%。考虑到合理的市场价格区间以及市场竞争可能带来的波动，相关财政预算安排应具有一定弹性和可调整空间。

（五）选聘机制是公共部门注册会计师审计有效实施的重要因素

独立性是高质量审计的重要前提。为确保选聘过程公正客观、标准统一，提高审计师的独立性，英国2014年通过了《地方审计和责任法案》，由独立的法定机构负责地方政府和医疗机构的审计师选聘和审计费用安排。美国虽然一般由被审计单位自行委托，但建立了有效的内部监督机制。此外，在选聘过程中，不少国家采取公开招标方式。其好处是可以提高竞争性、降低审计费用，但频繁的招标和审计师轮换会影响审计经验积累，降低审计质量，增加审计成本和公共部门的负担。因此，在推进公共部门审计制度初期应考虑引入长期合作模式，如澳大利亚国家审计机关与会计师事务所一般签订5年的服务合约。

（六）公共部门审计结果运用应区别情况稳妥慎重推进

公共部门审计目标具有多样性，应当根据审计目标要求，区别对待审计结果的运用和公开。以美国为例，按照《单一审计法案》开展的财务报表及内部控制审计，其主要目的是增强联邦政府资金使用的透明度和接受公众监督，审计结果大多向社会公众公开；而绩效评价的主要目标是考核相关部门的绩效或解决某一具体问题，其报告使用者一般为国会等权力机构或其下设的监督机构。因此，公共部门审计结果运用要结合审计目标，合理确定审计结果是否公开、如何公开以及公开范围；同时，要规范审计结果的汇报机制和汇报层级，确保审计结果得到合理运用，避免误读误用。

（七）公共部门注册会计师审计的技术标准应与时俱进

当前，世界上很多国家和地区都在开展公共部门会计核算和财务报告体系改革，整体上呈现向权责发生制综合财务报告转变的趋势。相应地，各国也在积极推动与会计准则体系相适应的公共部门审计标准建设。从理论层面看，各国现行的注册会计师审计准则通用于各类财务报表审计；从实践层面看，多数国家的注册会计师在执行公共部门财务报表审计时一般遵循与企业审计相同的准则。美国虽然制定了专门的政府审计准则，但该准则很大程度上引用了企业审计准则的内容。当然，由于公共部门在业务性质、会计标准以及财务报告编制框架等方面的差异，英国等也制定了专门的公共部门审计实务指引，对公共部门审计中应注意的特殊事项作出了规范和指导。

（八）推行公共部门注册会计师审计应高度重视人才培养

实践表明，注册会计师参与公共部门审计的范围越广、程度越深，对注册会计师的综合素质和专业能力要求越高。总的来看，多数国家和地区对从事公共部门审计业务没有额外的资质要求，但在审计师选聘过程中，都非常注重考核注册会计师对公共部门经济业务的掌握情况及相关执业经验。美国等部分国家在注册会计师考试和继续教育中，增加了政府会计准则和政府审计准则的相关内容。此外，公共部门自身建立并执行良好的内部控制制度，不断提升财务人员的专业素养，认真履行财务报告编制责任，也是高效实施公共部门审计的重要基础。

（九）注册会计师审计、政府审计、内部审计应分工协作

从所研究的国家和地区来看，注册会计师参与公共部门审计包括独立出具审计报告、分包承接部分审计工作以及与国家审计机关联合审计等多种模式。但不管采用哪种模式，注册会计师审计与政府审计都有明确的范围和责任分工，两者是相互补充、相互促进的关系。例如，英国国家审计机关主要负责中央政府审计，注册会计师主要负责地方政府和医疗机构等审计；澳大利亚和加拿大的公共部门由国家审计机关主审，但广泛聘请注册会计师参与和协助。此外，注册会计师审计还可以在一定范围内利用内部审计的工作，并反向促进和强化内部审计职能的发挥。

第三章　我国试点公共部门注册会计师审计的情况分析

根据国务院批转的《权责发生制政府综合财务报告制度改革方案》所确定的时间表和路线图，我国将在2020年前建立起具有中国特色的政府会计准则体系和权责发生制政府综合财务报告制度。其中，2014～2015年，重点是建立健全政府会计准则体系和财务报告制度框架体系；2016～2017年，开展政府综合财务报告编制试点；2018～2020年，全面开展政府综合财务报告编制工作，制定发布政府财务报告审计、公开制度等。近年来，在财政部和国务院其他有关部门的推动下，从中央层面到地方层面已在部分领域组织开展公共部门注册会计师审计试点。本报告对试点情况作了梳理和分析，以期为下一步全面推进公共部门注册会计师审计制度提供决策参考。

第一节　我国试点公共部门注册会计师审计的基本情况

2009年10月3日，国务院办公厅转发财政部《关于加快发展我国注册会计师行业的若干意见》（国办发〔2009〕56号，以下简称国办56号文件），明确提出了“将医院等医疗卫生机构、大中专院校以及基金会等非营利组织的财务报表纳入注册会计师审计范围。在巩固财务会计报告审计、资本验证、涉税鉴证等业务的基础上，积极向企事业单位内部控制、管理咨询、并购重组、资信调查、专项审计、业绩评价、司法鉴定、投资决策、政府购买服务等相关业务领域延伸”。党的十八大和十八届三中全会以来，预算管理制度改革、政府会计改革等一系列重大改革有序推进，为完善公共部门审计监督体系提供了重大机遇和有利契机，推动公共部门注册会计师审计工作不断深入。

一、中央层面开展公共部门注册会计师审计的情况

中央层面开展的公共部门注册会计师审计工作目前主要集中在基金会等社会组织领域。

（一）基金会等社会组织注册会计师审计制度建设情况

根据《基金会管理条例》（国务院令第400号）、国办56号文件和《民间非营利组织会计制度》（财会〔2004〕7号）等法规文件的相关要求，2011年11月30日，财政部、民政部联合发布《关于加强和完善基金会注册会计师审计制度的通知》（财会〔2011〕23号），对基金会组织实施注册会计师审计制度作出安排：

第一，明确了注册会计师审计业务的类型和组织实施方式，即由基金会自身或登记管理机关在履行监管职能时，直接委托注册会计师进行年度审计、离任和换届审计、专项审计。

第二，明确了审计费用由基金会自行列支，或纳入登记管理机关公共经费中，按照国库集中支付和合同约定履行支付义务。如果基金会资金确有困难，鼓励注册会计师提供公益性审计服务，或由登记管理机关视困难程度给予全额或一定比例的资助。对于内部治理结构完善、财务管理透明、公益项目运作规范、评估等级较高且同时具备公益性捐赠税前扣除资格和非营利组织免税资格的基金会，登记管理机关可以奖励形式全额或部分承担审计费用。

第三，明确了注册会计师的选聘条件。即区别在不同层级民政机关注册的基金会实行差别化的选择范围。其中，为在民政部登记的基金会实施审计的会计师事务所，应进入中国注册会计师协会公布的上一年度全国会计师事务所综合评价前100名，或具备三年以上（含三年）从事基金会或其他非营利组织审计工作经验，且注册会计师人数在15人以上，上一年度审计业务收入在600万元以上；为在省级及以下民政部门登记的基金会实施审计的会计师事务所，应

进入全国会计师事务所综合评价前100名，或具备三年以上（含三年）从事基金会或其他非营利组织审计工作经验，且注册会计师人数在10人以上，上一年度审计业务收入在300万元以上。

第四，明确了选聘方式。基金会及其登记管理机关从上述范围内自行选聘会计师事务所；对于使用财政资金聘请会计师事务所的，还需遵循政府采购制度有关规定。

2015年2月，民政部、财政部又联合发布《关于规范公益性社会组织年度财务审计工作的通知》（民发〔2015〕47号），对民政部管理范围内社会组织的注册会计师审计工作提出明确要求：

第一，要求民政部管理范围内的社会组织在年检时报送经注册会计师审计的财务报告，扩大了原仅在基金会实行注册会计师审计的范围。

第二，对会计师事务所的选聘进行了细化规范，要求除基金会、境外基金会代表机构和其他具有公益性捐赠税前扣除资格的公益性社会团体应当按照《关于加强和完善基金会注册会计师审计制度的通知》（财会〔2011〕23号）的规定选聘会计师事务所外，其他社会组织可以自主选聘经财政部门批准设立的会计师事务所对本单位的年度财务工作进行审计。这一要求进一步放宽了选择范围，给更多的会计师事务所提供了发展空间。

第三，明确了对违法违规问题的处理安排。对在财务审计中发现的社会组织违法违规行为，由登记管理机关和相关部门依法予以查处。对于违反注册会计师执业准则，为社会组织出具虚假审计报告的会计师事务所，由财政部门依法予以处理。

财政部、民政部建立基金会等社会组织注册会计师审计制度，为进一步改善社会组织的财务会计管理提供了有力支持，也为在更大范围内推广公共部门注册会计师审计制度作出了有益探索。

（二）基金会注册会计师审计制度执行情况

在基金会等领域实行注册会计师审计制度以来，基金会组织的注册会计师审计得到了较好执行。中国基金会中心网上数据统计结果表明，截至2015年10月31日，我国共有基金会组织4 681家，其中民政部门管理204家，省级政府部门管理3 877家，市级政府部门管理500家，区县政府部门管理102家。在按年末净资产、捐赠收入、公益支出等指标排名的前160余家基金会中，已经实行注册会计师审计且公开披露相关信息的有92家，占比达55%，说明基金会注册会计师审计制度已迈出了坚实步伐。

二、地方层面开展公共部门注册会计师审计的情况

（一）21个省、自治区、直辖市试点医院、高校、事业单位注册会计师审计制度

自国办56号文件印发以来，各地区结合实际认真贯彻落实，推动公共部门注册会计师审计制度有序建立。截至2015年年底，至少有21个省、自治区、直辖市在医院、高校、事业单位试点了注册会计师审计制度，主要有以下几种模式：

第一，与国办56号文件明确的口径、范围保持基本一致，将医院等医疗卫生机构、大中专院校以及基金会等非营利组织纳入审计范围。前述21个省区市都按国办56号文件要求将医院等医疗卫生机构、大中专院校以及基金会等非营利组织纳入了审计范围。其中出台政策时间较早的是四川省，之后山西、河北、福建、海南等省陆续出台了相应规定。

第二，在国办56号文件规定的基础上，进一步扩展了审计范围。福建、广东省除了将医院等医疗卫生机构、大中专院校以及基金会等非营利组织纳入审计范围以外，还明确提出将住房公积金经办机构、慈善机构纳入审计范围。

第三，将注册会计师审计制度的实施范围扩大到所有使用财政性资金的事业单位。该种模式主要体现在上海市。在国办56号文件发布之前，上海市财政局就在涉及公共资金的监管中探索运用了注册会计师审计；同时，上海市文化系统、教育系统等业务主管部门也在履行监管职能中尝试注册会计师审计的运用，积累了一定的经验。国办56号文件发布后，上海市提出了“分步试点”的可操作性制度安排。2010年，选择在医疗卫生机构、大中专院校等部分单位率先试点注册会计师审计；自2011年起进一步扩大审计范围，将注册会计师审计制度的实施范围逐步扩大到所有使用财政性资金的事业单位，建立了事业单位年度财务报表和部门财政决算报表注册会计师审计制度。

（二）地方层面试点注册会计师审计制度的执行情况

部分地区开展公共部门注册会计师审计的有关情况如表3-1所示。

表 3-1　　部分地区注册会计师审计实施情况一览表

地区	审计业务类型	公共部门类型
安徽	年报审计、决算报表审计	使用政府性资金的部门、事业单位
山西	年报审计	事业单位
上海	年报审计、决算报表审计	事业单位
福建	年报审计	高等院校和中等职业学校
海南	年报审计	医疗卫生机构、大中专院校、基金会及中介机构、社会团体
内蒙古	年报审计	民间非营利组织
辽宁	决算报表审计	事业单位

除上述年报审计和决算报表审计外，部分地区还开展了专项审计和其他鉴证业务的试点工作。具体情况如表 3-2 所示。

表 3-2　　部分地区开展专项审计情况一览表

地区	具体业务类型
河北	农业开发资金、村级财务公开
贵州	财政资金使用情况
甘肃	新区资金审核及项目
上海	财政专项资金、社保资金、海关专项
辽宁	财政专项资金
内蒙古	财政重大投资、农村一事一议建设项目

三、我国试点公共部门注册会计师审计制度的具体组织实施——以上海为例

自 2010 年以来，按照国办 56 号文件的要求，全国多个省区市，不同程度地开展了公共部门注册会计师审计试点工作，具体做法主要是以高校医院为试点突破口，并逐步向其他事业单位领域推广。本报告在对相关省市的试点开展情况进行收集整理后，以在市级事业单位年度财务会计报表和部门决算中实施注册会计师审计的上海市为例，对试点工作的组织协调、技术保障、质量控制与审计结果运用等情况作简要介绍。

上海市自 2010 年起逐步建立事业单位年度财务报表和部门财政决算报表注

册会计师审计制度。在2010年，首先选择医疗卫生机构、大中专院校等部分单位率先试点，由财政部门采用政府购买服务的方式委托依法设立的会计师事务所及注册会计师，对事业单位年度财务会计报表和部门决算报表进行审计并出具审计报告。自2011年起，将实施范围扩大到使用财政资金的全部市级事业单位（公检法司系统事业单位除外）。经注册会计师审计后的部门决算报表是市级财政部门或预算主管部门审核批复被审计单位部门决算和向同级人大报送决算信息的重要依据。从试点情况看，开展事业单位年度财务报表和部门财政决算报表注册会计师审计制度几年来，对加强财政资金管理，进一步提高部门预算编制的科学性和准确性等发挥了较好作用。目前，不仅在市级部门，而且在上海市浦东新区、长宁区、徐汇区等部分区县进一步推进区级事业单位年度财务报表和部门财政决算报表的注册会计师审计制度，也取得了较好成效。

（一）职责分工

为确保试点工作的顺利实施，2010年12月，上海市财政局印发了《上海市市级事业单位年度财务会计报表和部门决算实施注册会计师审计暂行办法》（沪财会〔2010〕76号），明确上海市级事业单位年度财务会计报表和部门决算报表实施注册会计师审计工作，由市财政局组织领导，市财政局所属的财政监督检查局负责实施，委托会计师事务所试行公共部门注册会计师审计。

其中，市财政局履行的职责是：制定对事业单位年度财务会计报表和部门决算报表实施注册会计师审计有关办法；会同事业单位主管部门确定每年被审计单位名单；指导市财政监督检查局具体开展有关事业单位年度财务会计报表和部门决算报表注册会计师审计工作；运用审计结果进一步加强预算编制和财务会计管理工作。

市财政监督检查局履行的职责是：根据市财政局每年确定的被审计单位，按照政府采购相关规定，确定对事业单位开展审计的会计师事务所；对会计师事务所出具的审计报告分类归集后上报市财政局，并对会计师事务所工作质量作出评估；根据市财政局要求做好审计整改督促落实工作；统一向会计师事务所支付审计费用，所需经费由市财政监督检查局在部门预算安排专项审计经费解决。

会计师事务所及注册会计师履行的职责是：按照中国注册会计师执业准则及委托方要求，组织注册会计师等具有资质的专业人员依法、独立开展审计工作，对审计报告的真实性、准确性、合法性负责；对审计工作实施中遇到的重大问题及时向委托方报告，主动接受财政部门业务指导；遵守中国注册会计师职业道德规范，恪守独立、客观、公正的原则，保持专业胜任能力和应有关注，不以任何形式对外提供、泄漏或公开被审计单位情况和审计结果。

被审计单位履行的职责是：积极配合财务会计报表和部门决算报表注册会计师审计工作，及时、全面提供相关会计凭证、会计账簿、会计报表、部门决算报表等相关资料。

（二）组织实施

在试点实施过程中，市财政局每年会同相关主管部门确定列入审计范围的事业单位名单和年度审计的工作安排，并通知市财政监督局。通知明确被审计事业单位或者预算主管部门名称、联系地址和联系方式；年度财务会计报表和部门决算报表审计要求；被审计单位年度预算及财政性资金的实际拨付情况等。

市财政监督检查局在收到被审计单位名单后，按照《政府采购法》以及上海市政府采购集中采购目录和采购限额标准等规定，依法合规地确定参与事业单位年度财务会计报表和部门决算报表审计的会计师事务所，并与会计师事务所签订审计业务约定书（购买服务合同），加强对会计师事务所和注册会计师工作质量的过程监控和事后评价，及时督促被审计单位全面配合审计工作。

审计工作结束后，市财政监督检查局按照审计业务约定书（购买服务合同）的约定，并充分考虑会计师事务所的履约情况，按国库集中支付方式及时支付审计费用。

（三）技术保障

在组织开展上海市市级事业单位年度财务会计报表和部门决算实施注册会计师审计工作的招投标和审计准备过程中，上海市财政局注重提高审计技术要求、规范审计技术标准，以确保全市市级事业单位审计工作的顺利实施。

在实施招标过程中，为使招投标工作更有针对性，市财政监督检查局对被审计单位按行业类型、组织规模等进行项目分类和打包，使中标会计师事务所在审计作业过程中具有一定的项目类型集中度和典型性，以便更好地进行标准化审计工作。同时，在评标办法中突出对会计师事务所及其注册会计师的执业能力和经验技术的要求，两项指标在评标总分值中的占比超过50%，并将价格指标在评标总分值中的占比降低至10%，防止低价揽客、恶意竞争。

在规范审计标准方面，上海市注重发挥行业协会的专业作用，研究设计了《上海市事业单位年度财务会计报表及部门决算报表审计工作底稿》和《上海市医院年度财务会计报表及部门决算报表审计工作底稿》，在每年招标过程结束、审计实施开始前，组织中标的会计师事务所进行专项审计业务培训。同时，在审计实施过程中，建立由被审计单位、会计师事务所、市财政监督检查局、市财政局业务主管处室和业务主管部门共同参与的合议沟通机制，全面审查、评价问题事项，提高审计判断、审计结果的准确性，进一步确保审计工作质量。

（四）监督评价

为确保公共部门注册会计师审计试点工作取得实效，市财政监督检查局在组织指导会计师事务所开展审计工作中高度关注审计质量，实施了动态跟踪考核与事后评价相结合的机制，多措并举对会计师事务所的审计工作开展事中、事后监督。

其中，市财政监督检查局根据其制定的《关于开展对市级事业单位年度财务会计报表和部门决算报表实施注册会计师审计质量考核评价工作的实施方案》和具体考核评价表，以《中国注册会计师审计准则》、《中国注册会计师职业道德守则》、《上海市事业单位年度财务会计报表及部门决算报表审计工作底稿》、《上海市医院年度财务会计报表及部门决算报表审计工作底稿》和相关财政政策为检查标准，从项目人员配备情况、财政业务工作情况、被审计单位反馈意见和审计工作实施情况等四个方面，对会计师事务所及其注册会计师进行动态跟踪考核。最终的考核结果与被考核会计师事务所今后从事相关审计工作等实行“三个挂钩”，即：考核结果与会计师事务所下一年度是否继续承担市级事业单位年报审计工作相挂钩；与市财政局其他财政监督或绩效评价工作招标时的业绩考核相挂钩；与行业协会自律管理工作的评价考核相挂钩。上述举措的实施，切实提高了会计师事务所对该项审计工作的重视程度，保障了审计实施过程中的人员投入和质量控制。

（五）结果运用

按照《上海市市级事业单位年度财务会计报表和部门决算实施注册会计师审计暂行办法》的规定，受托会计师事务所及其注册会计师对被审计单位进行审计后出具的审计报告直接报送市财政监督检查局，同时抄送被审单位。被审计单位在编报下一年度部门预算时，应同时向财政部门提供经注册会计师审计的相关报表。上海市财政局在审核被审计单位部门预算时，将审计报告、鉴证报告等作为重要参考。

同时，为更好地实现审计的功能和作用，上海市在试点阶段采用了两种报告模式，即在提交标准注册会计师审计报告的同时，增加管理建议书，以促进对审计中发现的相关问题的整改和完善。在每年审计工作结束后，市财政监督检查局根据各会计师事务所提交的审计结果和整改建议，经上海市财政局复核同意后，向被审计单位发出《整改建议通知书》，明确要求被审计单位限期报送《审计整改工作报告》和《审计整改情况汇总表》。同时，市财政监督检查局加强与市财政局业务主管处室和业务主管部门的联系沟通，协调配合、跟踪督促被审计单位抓紧落实整改措施，及时反馈整改结果。

四、我国试点公共部门注册会计师审计取得积极成效

（一）揭示出公共部门财务管理等方面的突出问题

以上海为例，在2011年和2012年两年中，审计单位户数分别为679户和681户，所对应的资产总额分别为1 080亿元和1 185亿元，审计发现问题金额分别为175.32亿元和128.41亿元，分别占经审计资产总额的16.23%和10.84%。通过审计发现的突出问题包括：预算编制不完整、三公经费使用不规范、租金收入未按规定处理、资产产权不清晰、实物保管措施欠缺、资产处置违规、对外投资程序不当、政府采购和工程项目内部控制薄弱等。

2011年和2012年发现的具体问题金额如表3－3所示。

表3－3　　2011年和2012年审计发现问题金额及性质一览表

项目	2011年	2012年
涉及单位资产总额（亿元）	1 080	1 185
审计户数（户）	679	681
问题户数（户）	649	607
问题个数（个）	2 641	2 176

续表

项目	2011 年	2012 年
问题金额（亿元）	175.32	128.41
其中：预算管理类（占比）（亿元）	10.25（5.83%）	12.94（10.07%）
国有资产管理类（占比）（亿元）	22.79（10.79%）	39.22（30.54%）
内部控制类（占比）（亿元）	18.92（13.00%）	17.67（13.67%）
会计核算类（占比）（亿元）	123.37（70.38%）	58.58（45.62%）

（二）促进了公共部门会计信息质量的明显提升

自医院、高校、基金会等实行注册会计师审计以来，通过审计发现的资产、负债、收入、支出、结余、结转等方面的会计核算问题得到了及时纠正，提高了被审计单位会计信息的真实性、准确性和完整性，促进了公共部门会计信息质量的提升。仍以上海为例，根据注册会计师的审计结果，2012 年市级事业单位年报决算调整收入 8.29 亿元，其中：调增收入 3.86 亿元，调减收入 4.43 亿元；调整支出 2.70 亿元，其中：调增支出 1.02 亿元，调减支出 1.68 亿元。通过审计调整，进一步提升了被审计单位决算报告的准确性，为决算批复提供了更为客观可信的依据。

（三）促进了公共部门透明度和社会认可度的大幅提升

由于各方面原因，我国教育、医疗、科研等领域的相关单位仍存在财务管理薄弱、透明度不高等问题，导致其公信力严重受损。这些问题往往和上学难、看病难等社会问题交织在一起，在一定程度上加剧了社会矛盾。实施注册会计师审计、建立第三方审计监督机制，是规范公共部门资金使用和提升公共部门透明度的重要手段。以基金会为例，中国基金会中心网[①]已将注册会计师审计纳入基金会组织透明度指数。截至 2015 年 11 月，已有 139 家经注册会计师审计的基金会获得满分 100 分的透明度评价，有效提升了基金会组织的社会认可度。

① 由 35 家全国知名基金会组织联合举办。

（四）为全面推进公共部门注册会计师审计制度建设积累了宝贵经验

在近几年的试点实践中，很多地区、部门制定了多项配套政策措施推动注册会计师审计顺利实施，这些政策措施经过几轮实践打磨和优化完善，形成了操作性强、可复制推广的组织管理模式和有效制度机制，为全面推进公共部门注册会计师审计制度积累了宝贵经验。此外，各地财政部门和注册会计师协会投入较大的人力、物力，探索制定了适应公共部门业务特点和监管要求的审计工作底稿、审计质量评价制度以及医院高校审计指引等，为建立健全公共部门注册会计师审计技术标准奠定了良好基础。

（五）为推广公共部门注册会计师审计制度储备了一批专门人才

近几年的探索实践锻炼培养了一大批熟悉行政事业单位和非营利组织法律法规、政策规定、业务特点和管理要求的注册会计师队伍。以上海为例，在2011～2012年试点过程中，通过公开招投标确定了41家会计师事务所，其中一些规模较大的会计师事务所每年投入上百人参与上海市事业单位年度财务报表和部门决算报表审计，为扩大实施公共部门注册会计师审计制度储备了一批专门人才。

第二节　我国试点公共部门注册会计师审计存在的问题

在充分肯定试点工作成效的同时，也应清醒认识到试点工作存在的问题和困难。总体来看，主要表现在以下方面：

一、公共部门注册会计师审计的理念认知存在一定差距

国务院已经明确将医院等医疗卫生机构、大中专院校、基金会等纳入注册会计师审计范围，但各地区、各部门抓贯彻落实并不平衡，一些省市至今未出

台公共部门注册会计师审计相关政策；一些省市虽然出台了相关政策，但仅停留在转发国办发 56 号文件层面，未进一步制订可操作、能落地的实施方案。更为突出的是，不少被审计单位对注册会计师审计的接受程度还不高，导致实际工作中存在较大阻力和障碍，削弱了政策执行效果。

二、公共部门注册会计师审计的法制支撑和经费保障明显不足

公共部门注册会计师审计制度的确立，必须得到法律的支撑，并按法律规定强制执行。但目前涉及公共部门注册会计师审计制度的政策规定十分有限，且法律层级不高，难以发挥强有力的推动作用。

与法律保障不足相对应的，还表现为审计经费的保障水平较低。一些试点地区反映，公共部门的审计经费应由谁支付、以何种方式与会计师事务所结算等问题尚无统一规定，各试点地区在实际操作中也存在较大差异；同时，审计费用普遍较低，在一定程度上也影响了审计效果。

三、公共部门注册会计师审计的技术标准与执业水平有待提高

公共部门业务涉及面广，专业性强，加之公共部门改革进程加速，尤其是政府综合财务报告制度改革、政府会计准则建设、预算管理制度改革等对公共部门提出一系列新要求。注册会计师要对公共部门财务报告进行审计，并对预算执行、决算、预算绩效、经济责任等特定事项进行审计或评价，必须对公共部门预算、财务、会计、资产管理等相关领域有较多了解和较好把握。试点情况表明，经过宣讲培训，注册会计师能够迅速掌握前述知识技能，但总体而言，与注册会计师游刃有余的企业领域相比，公共部门领域执业准则、技术、经验等方面还存在不足。同时，由于公共部门或多或少掌握着一定的行政资源，会计师事务所在审计过程中常常处于不利地位。受保密、上级主管部门要求等限制，可能导致注册会计师取证判断较难。因此，注册会计师还必须具有较强的沟通协调能力、独立分析判断能力，使审计证据满足审计结论需要。所有这些，都对注册会计师不断提升执业水平提出更高要求。

四、公共部门注册会计师审计结果的有效运用亟待加强

审计结果的实际运用是体现公共部门注册会计师审计成效的重要途径。试点情况表明，当前我国公共部门注册会计师审计结果运用尚有一定差距，主要表现为：①注册会计师审计结果公开还远远不够，仍停留在财政部门、业务主管部门内部掌握的阶段。这虽然有一定的现实合理性，但从长远看，逐步公开审计结果将成为必然趋势。②审计结果的利用形式、手段比较单一，许多地区或部门仍停留在对审计报告的简单汇总、数据式分析阶段，对审计报告指出的公共部门的深层次问题较少触及，对从体制机制制度上完善公共部门财政财务管理还研究不够、作用不够。③此外，随着公共部门尤其是政府财务报告注册会计师审计制度的建立，如何发挥各级人大及其常委会在审计结果运用中的职能作用，值得进一步深入研究思考。

第四章　我国建立公共部门注册会计师审计制度的法制建设研究

依法治国，是坚持和发展中国特色社会主义的本质要求和重要保障，是实现国家治理体系和治理能力现代化的必然要求。十八届四中全会明确提出要“强化对行政权力的制约和监督，完善纠错问责机制”，“全面推进政务公开，坚持以公开为常态、不公开为例外原则，推进决策公开、执行公开、管理公开、服务公开、结果公开”，为改善国家治理体系指明了方向。十八届五中全会审议通过的《中共中央关于制定国民经济和社会发展第十三个五年规划的建议》提出，政府要运用法治思维和法治方式推动发展。公共部门注册会计师审计制度的法制建设有助于完善审计制度体系、依法开展审计业务；公共部门注册会计师审计也必须在法律框架下实施，其委托关系、审计范围、审计标准、审计责任、审计结果运用等都要依据相关的法律法规展开。同时，通过相关法制建设能够增强注册会计师审计结果的效力，提升注册会计师审计意见的权威性和公信力。总之，法制建设在相当程度上影响和决定着公共部门注册会计师审计制度的成败。

第一节　我国公共部门注册会计师审计法制建设现状及存在的问题

一、我国公共部门注册会计师审计法制建设现状

当前，我国与公共部门注册会计师审计制度相关的法律法规尚未形成完整体系，但已经有越来越多的法律法规直接涉及公共部门注册会计师审计，主要包括以下三类：

（一）明确公共部门实行注册会计师审计的法律法规及规范性文件

1.《民办教育促进法》

自2003年9月1日起施行的《民办教育促进法》（中华人民共和国主席令第80号）第三十八条规定："民办学校资产的使用和财务管理受审批机关和其他有关部门的监督。民办学校应当在每个会计年度结束时制作财务会计报告，委托会计师事务所依法进行审计，并公布审计结果。"这是我国相关法律中首次提出由注册会计师对公共部门财务报告进行审计。

2.《基金会管理条例》及《基金会年度检查办法》

自2004年6月1日起施行的《基金会管理条例》（中华人民共和国国务院令第400号）第三十六条规定："基金会、境外基金会代表机构应当于每年3月31日前向登记管理机关报送上一年度工作报告……年度工作报告应当包括：财务会计报告、注册会计师审计报告……"这是我国行政法规中最早提出由注册会计师对基金会年度财务报告进行审计的文件。

2006年1月，民政部发布《基金会年度检查办法》（中华人民共和国民政部令第30号）。该办法第四条规定："年度工作报告的内容应当包括：财务会计报告、注册会计师审计报告……注册会计师审计报告，应当有注册会计师事务所统一受理并与被审计的基金会、境外基金会代表机构签订委托合同的证明。"

3.《民办非企业单位年度检查办法》

2005 年 4 月，民政部发布《民办非企业单位年度检查办法》（中华人民共和国民政部令第 27 号）。该办法第五条规定："登记管理机关在年检期间，可以根据情况，要求民办非企业单位提交注册会计师审计报告、其他补充说明材料及有关文件。"

4.《国家科技计划和专项经费监督管理暂行办法》

2007 年 7 月，科学技术部发布《国家科技计划和专项经费监督管理暂行办法》（国科发财字〔2007〕393 号）。该办法第九条规定："科技经费监督工作可以采用科技部直接组织检查组，委托主管部门、地方科技行政管理部门或委托会计师事务所等社会中介机构等多种方式进行。"

5.《社会团体公益性捐赠税前扣除资格认定工作指引》

2009 年 7 月，民政部发布《社会团体公益性捐赠税前扣除资格认定工作指引》（民发〔2009〕100 号）。该指引规定，社会团体申请公益性捐赠税前扣除资格应提交申请前 3 个年度注册会计师出具的财务报表审计报告和公益活动支出明细表审计报告，首次明确将基金会以外的社会团体的财务报表纳入注册会计师审计范围。

6.《关于加快发展我国注册会计师行业的若干意见》

2009 年 10 月，国务院办公厅转发财政部《关于加快发展我国注册会计师行业的若干意见》（国办发〔2009〕56 号）。该意见提出："将医院等医疗卫生机构、大中专院校以及基金会等非营利组织的财务报表纳入注册会计师审计范围；在巩固财务会计报告审计、资本验证、涉税鉴证等业务的基础上，积极向企事业单位内部控制、管理咨询、并购重组、资信调查、专项审计、业绩评价、司法鉴定、投资决策、政府购买服务等相关业务领域延伸。"该意见首次从国务院要求层面将基金会以外的非营利组织财务报表纳入注册会计师审计范围。

7.《关于通过公益性群众团体的公益性捐赠税前扣除有关问题的通知》

2009 年 12 月，财政部、国家税务总局发布《关于通过公益性群众团体的公益性捐赠税前扣除有关问题的通知》。该通知规定申请公益性捐赠税前扣除资格的群众团体，在报送材料中应包括申请前相应年度的受赠资金来源、使用情况、财务报告、公益活动的明细、注册会计师的审计报告或注册税务师的鉴证报告。

8.《医院财务制度》

2010年12月，财政部、卫生部发布修订后的《医院财务制度》（财社〔2010〕306号）。该制度第七十条规定："医院应当按月度、季度、年度向主管部门（或举办单位）和财政部门报送财务报告。医院年度财务报告应按规定经过注册会计师审计，具体办法另行规定。"自此，医院财务报表审计正式成为注册会计师法定审计业务。

9.《关于加强和完善基金会注册会计师审计制度的通知》

2011年12月，财政部、民政部联合发布《关于加强和完善基金会注册会计师审计制度的通知》（财会〔2011〕23号）。该通知加大了基金会注册会计师审计制度的实施力度，规定了注册会计师审计类别、审计形式、审计费用支付、会计师事务所选聘范围和方式及其他相关要求，在制度设计上为注册会计师进行公共部门审计提供了参考。

10.《关于规范全国性社会组织年度财务审计工作的通知》

2015年3月，民政部、财政部发布《关于规范全国性社会组织年度财务审计工作的通知》(民发〔2015〕47号)。该通知第一条规定："社会组织在接受年度检查时，应当按照登记管理机关的要求报送会计师事务所出具的年度审计报告。登记管理机关为履行监管职责，可以同时出资委托会计师事务所对社会组织进行年度财务抽审。"随后发布审计模板，明确提出"在参加2014年度全国性社会团体年度检查时，自行选聘注册会计师事务所，并按照《全国性社会团体2014年度检查财务审计报告模板》的要求提供年度审计报告。"

此外，中国注册会计师协会（以下简称中注协）在2010年1月发布《关于注册会计师行业积极做好医药卫生体制改革专业服务工作的指导意见》（会协〔2010〕5号)，对注册会计师开展医院财务报表审计、医改资金审计、医院改制重组审计工作提出了指导意见。中注协于2014年发布了《注册会计师业务指导目录（2014年)》，列示注册会计师业务共437项，其中涉及注册会计师向政府部门、事业单位及非营利组织等提供审计服务的项目有104项，主要包括政府性债务审计、公共资源审计、预算支出（财政支出）项目绩效评价、财政投资评审、财政预算执行效率的跟踪评价、基层医疗卫生机构标准化建设项目绩效评价、财政国库动态监控情况的专项检查、公共产品价格调整鉴证、非营利机构及其他组织审计业务以及各类专项资金检查等。中注协还发布了《基金会财务报表审计指引》、《高等学校财务报表审计指引》、《医院财务报表审计指引》等多个文件，规范了注册会计师对基金会、高校、医院等公共部门的财务报表审计业务，明确了审计工作相关要求。

（二）涉及注册会计师参与公共部门审计的法律法规

1.《注册会计师法》

自1994年1月1日起施行的《注册会计师法》（1993年10月31日中华人民共和国主席令第13号发布，2014年8月31日修正）第二十九条规定："会计师事务所受理业务，不受行政区域、行业的限制；但是，法律、行政法规另有规定的除外。"这表明会计师事务所具备公共部门审计的基本资质，可以依法开展公共部门的审计业务。

2.《关于进一步做好扩大内需促进经济增长政策落实和资金监管工作的通知》

2009年1月，财政部发布《关于进一步做好扩大内需促进经济增长政策落实和资金监管工作的通知》（财监〔2009〕2号）。该通知提出要充分利用投资评审机构、注册会计师等社会中介机构的专业力量，并积极发挥社会监督的能动性，形成监管的整体效应。

3.《审计署聘请外部人员参与审计工作管理办法的通知》及《政府投资项目审计规定》

审计署2006年7月发布、2010年5月修订的《审计署聘请外部人员参与审计工作管理办法的通知》（审办发〔2010〕68号）第二条规定："审计署遇有审计力量不足、相关专业知识不能满足审计工作需要时，可以从外部聘请相关专业人员参与审计（含专项审计调查，下同）工作。"

审计署2011年1月发布的《政府投资项目审计规定》（审投发〔2010〕173号）提出："审计机关实施政府投资项目审计，遇有相关专业知识局限等情况时，可以聘请符合审计职业要求的外部人员参加审计项目或者提供技术支持、专业咨询、专业鉴定。"

4.《中央财政国库动态监控管理暂行办法》

2013年12月，财政部发布《中央财政国库动态监控管理暂行办法》（财库〔2013〕217号）。该办法第十一条规定："财政部对财政国库动态监控发现的重大违规疑点或普遍性、趋势性疑点问题，进行实地核查。根据情况，财政部可委托社会中介机构、财政部驻各地财政监察专员办事处、预算单位主管部门、代理银行总行等受托机构开展实地核查。"

5.《权责发生制政府综合财务报告制度改革方案》

2014 年 12 月，国务院批转财政部《权责发生制政府综合财务报告制度改革方案》（国发〔2014〕63 号），提出建立全面反映政府资产负债、收入费用、运行成本、现金流量等财务信息的权责发生制政府综合财务报告制度，明确政府综合财务报告和部门财务报告应按规定接受审计，审计结果按规定向社会公开。该方案还指出政府综合财务报告要“坚持公开透明，便于社会监督。按照政府信息公开要求，规范公开内容和程序，促进公开常态化、规范化和法制化，满足各有关方面对政府财务状况信息的需求，进一步增强政府透明度。”根据该方案的基本精神，政府综合财务报告和部门财务报告均须接受审计并逐步公开，这为注册会计师实施政府综合财务报告审计奠定了政策基础。

6.《关于实行审计全覆盖的实施意见》

2015 年 12 月 8 日，中共中央办公厅、国务院办公厅印发了《关于实行审计全覆盖的实施意见》，该意见指出：“有效利用社会审计力量，除涉密项目外，根据审计项目实施需要，可以向社会购买审计服务。”

（三）与公共部门注册会计师审计相关的立法计划

全国人大常委会 2015 年立法计划中与公共部门注册会计师审计相关的法律法规主要包括：《中华人民共和国教育法》、《中华人民共和国预算法实施条例》、《中华人民共和国境外非政府组织管理法》、《中华人民共和国慈善法（草案）》、《中华人民共和国红十字会法》等。随着立法进程的深入，公共部门注册会计师审计制度的法制保障将进一步强化。

二、我国公共部门注册会计师审计法制建设存在的问题

尽管我国已有一些法律法规对注册会计师参与公共部门审计作出直接或间接规定，但从总体来看，我国公共部门注册会计师审计制度的法制建设同发达国家和地区相比，仍存在较大的差距，主要问题有：

（一）法律法规的相关规定碎片化特征突出

尽管公共部门注册会计师审计法律、行政法规、部门规章和规范性文件中已有涉及，但还不太系统、不太全面、不太完整，碎片化、零散化特征突出。

同时，现行关于公共部门注册会计师审计的法规之间缺乏衔接，尚未形成完备、系统的法规体系。

（二）法规制度的相关要求还不够直接有力

尽管注册会计师事实上已经开始参与公共部门审计业务，但明确公共部门注册会计师审计制度的法律法规仍较少，一些法规制度的表述也较模糊。比如财政部《关于进一步做好扩大内需促进经济增长政策落实和资金监管工作的通知》提出要充分利用投资评审机构、注册会计师等社会中介机构的专业力量，但并没有明确注册会计师如何参与审计工作。法规制度的“柔性”导致注册会计师参与公共部门审计处于两难境地。

（三）现有法规政策的执行效果不够明显

尽管《民办教育促进法》、《基金会管理条例》和前述若干法律法规、规章制度赋予了注册会计师参与公共部门审计的权力，但由于有关方面存在认知差异、协调不力等原因，导致公共部门注册会计师审计仍面临诸多困难。

第二节　加强我国公共部门注册会计师审计法制建设的建议

一、公共部门注册会计师审计法制建设框架体系初步设计

在公共部门注册会计师审计领域建立健全法律法规体系，是推行公共部门注册会计师审计制度的基础，对于确保审计质量、实现审计目标具有重要意义。鉴于当前相关法律法规的缺失，有必要对公共部门注册会计师审计法制建设框架体系进行系统设计，明确委托人、受托人、审计内容、审计程序及审计监管与评价体系，确定审计工作及审计监督中各方的责、权、利。

（一）法律法规制度安排

1. 法制建设目标任务

按照立法层次不同，公共部门引入注册会计师审计的法律法规也应分层建设。建议按法律、行政法规、部门规章、地方性法规及部门规范性文件等4个层次创建法制框架。首先在全国人大层次，研究制定《公共部门注册会计师审计法》；在现阶段，要积极推动《会计法》、《注册会计师法》以及其他相关法律修订，明确公共部门注册会计师审计内容、程序和监管要求等；在国务院层次，研究制定《公共部门注册会计师审计法实施条例》。在当前时机条件尚不完全成熟的阶段，可考虑先在国务院层面制定《公共部门注册会计师审计办法》，或者由财政部制定《公共部门注册会计师审计暂行办法》、《政府综合财务报告注册会计师审计暂行办法》等部门规章。

2. 法制建设层次安排

具体设想如图4-1所示。

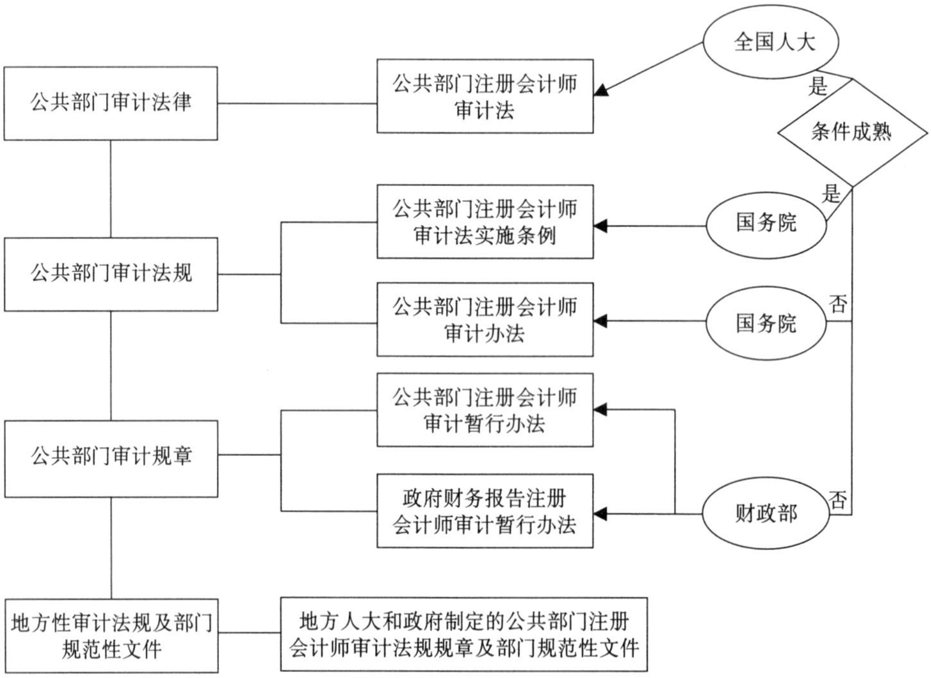

图4-1 公共部门注册会计师审计法规体系

（二）公共部门注册会计师审计制度主体关系设计

公共部门注册会计师审计必然涉及委托人、受托人和被审计的公共部门。理顺三者之间的关系并建立科学有效的监管机制是公共部门注册会计师审计法制建设的题中应有之义，具体设想如图 4－2 所示。

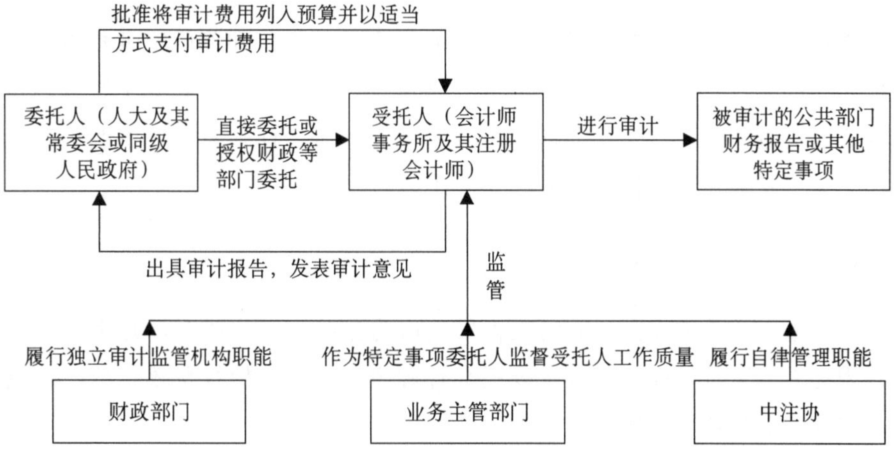

图 4－2　公共部门注册会计师审计制度主体关系①

二、《公共部门注册会计师审计办法》的框架设计

根据国务院批转财政部《权责发生制政府综合财务报告制度改革方案》，应自 2017 年起实行政府综合财务报告审计制度。鉴于短期内由全国人大及其常委会研究制定《公共部门注册会计师审计法》尚有现实困难，建议先在国务院层面研究制定《公共部门注册会计师审计办法》（以下简称《办法》），对包括政府财务报告注册会计师审计在内的公共部门审计事项作出顶层设计和制度安排。初步考虑，该《办法》应包括总则、审计内容、委托人及委托程序、监管办法等。

（一）总则

总则应明确制定《办法》的宗旨和依据；明确注册会计师审计的地位和作用；明确其他相关重大事项或重要原则等。

① 考虑到民间非营利组织注册会计师审计制度已实施，实务中已形成相对稳定的委托方式，并且其资金来源与其他公共部门差异较大，因此图 4－2 中列示的公共部门未包括民间非营利组织。

（二）审计内容

规定公共部门年度财务报告（含政府综合财务报告和部门财务报告，以及其他公共部门财务报告）须经注册会计师审计；规定审计等业务主管部门可通过政府购买服务方式，委托会计师事务所及其注册会计师对预算编制、预算执行、决算、发债和其他特定事项进行审计。

（三）委托关系及程序

规定人大及其常委会，或同级人民政府为公共部门注册会计师审计的委托人，委托人可通过招标方式直接委托会计师事务所，或授权财政等部门通过招标方式委托会计师事务所。

（四）经费保障

区别公共部门类型和审计项目性质作出相应规定。基本方法是：对财政预算全额保障的公共部门，其年度财务报告实施注册会计师审计的费用应列入预算；对财政、审计等业务主管部门以政府购买等方式委托注册会计师对特定事项实施审计的，审计费用也应列入预算；对公共部门因自身发展及管理需要自行委托注册会计师提供专业服务的，审计费用按委托协议支付。

（五）审计结果及其运用

规定注册会计师审计结果包括公共部门财务报告的审计报告、特定事项的审计报告、管理建议书和其他相关书面报告；规定审计报告利用、公开的基本要求，原则上按照法律规定或委托人的规定办理。

（六）监督管理

规定财政部门、业务主管部门和注册会计师协会对会计师事务所从事公共部门审计的监管要求。其中，财政部门作为注册会计师行业主管部门，对会计师事务所实施全面、统一监管；各业务主管部门作为特定事项的委托人，对受托会计师事务所从事受托业务的工作质量实施监督；注册会计师协会依法履行自律管理职能。

（七）罚则

规定会计师事务所及注册会计师违反本办法应承担的法律责任；规定公共部门拒绝、阻挠注册会计师审计或其他违反本办法行为应承担的法律责任；规定有关部门在组织招标、实施监管等方面违反本办法应承担的法律责任，等等。

（八）附则

规定《办法》的解释权限、生效时间等。

三、《政府财务报告注册会计师审计暂行办法》的框架设计

《政府财务报告注册会计师审计暂行办法》是对《公共部门注册会计师审计办法》的进一步细化，在总体内容上较为接近，但更偏重于政府综合财务报告和部门财务报告的审计制度安排，具体框架设计可根据政府财务报告审计的特性作相应调整，不再赘述。

四、对公共部门注册会计师审计相关法规制度的立法建议

（一）对纳入国家立法计划法律法规的建议

建议在《预算法实施条例》（征求意见稿）中明确规定：政府综合财务报告和部门财务报告应当经会计师事务所审计，审计费用列入预算，组织实施的具体办法由财政部另行制定。

建议在《教育法》修订草案中明确规定：县级以上人民政府建立健全义务教育经费的审计监督和统计公告制度，教育经费的审计由注册会计师承担完成，审计结果在指定媒体公布，且审计结果及审计意见作为下一年度划拨经费的依据之一。

建议在《慈善法》（草案）中明确规定：慈善组织年度财务报告、清算报告应由会计师事务所进行审计，审计结果应在指定媒体公开。

建议在《红十字会法》（修改草案）中明确规定：红十字会应当建立经费、物资的财务管理、内部控制、审计公开和监督检查制度；红十字会应当聘请独

立第三方对经费来源和使用情况进行审计，将审计结果向红十字会理事会报告并予公开。

建议在《境外非政府组织管理法》（草案）中明确规定：境外非政府组织代表机构年度财务报告应由注册会计师进行审计，每年向业务主管单位报送上一年度工作报告，经业务主管单位出具意见后接受年度检查。年度工作报告应当包括年度财务报告、审计报告、开展活动的情况以及人员和机构变动的情况等内容。

（二）对现行其他有关法律法规的修订建议

对其他现行有关公共部门审计法律法规提出的修订建议具体包括：

建议在《审计法》修订时增加与公共部门注册会计师审计制度相协调的内容。

建议在《注册会计师法》修订时将公共部门注册会计师审计列为法定审计业务。

建议在《政府采购法》修订时增加与公共部门注册会计师审计制度相协调的内容。

建议在制定全面推进行政事业单位内部控制的实施意见中增加对行政事业单位内部控制的有效性实施注册会计师审计的有关规定。

建议在加强宗教组织和其他非营利组织财务管理的法规制度中增加其年度财务报告须由注册会计师审计的内容。

建议在加强公立医院财务和预算管理法规制度中增加委托会计师事务所对年度财务报告进行审计以及聘请会计师事务所协助业务主管部门对财务报告监督抽查的内容。

第五章　我国公共部门注册会计师审计的主要内容研究

2014 年 12 月，《国务院关于批转财政部权责发生制政府综合财务报告制度改革方案的通知》（国发〔2014〕63 号），明确指出要建立健全政府会计核算体系、政府财务报告审计和公开机制，政府综合财务报告和部门财务报告按规定接受审计。2015 年 10 月，财政部发布《政府会计准则——基本准则》（财政部令第 78 号）。同时，财政部对试编政府综合财务报告、部门财务报告等作出部署。所有这些为注册会计师实施公共部门审计奠定了扎实基础。本报告认为，注册会计师实施公共部门审计的主要内容包括：对公共部门编制的财务报告进行审计，以及对公共部门特定事项进行专项审计。

第一节　公共部门财务报告审计的主要内容

一、政府综合财务报告审计

政府综合财务报告由政府财政部门编制，反映各级政府的整体财务状况、运行情况和财政中长期可持续性。政府综合财务报告包括：合并财务报表（合并资产负债表、合并收入费用表、合并现金流量表、合并会计报表附注）和其他应当在政府综合财务报告中披露的相关信息和资料。

合并财务报表是政府的财政部门对各部门和其他纳入合并范围主体的会计报表进行汇总，并对合并范围内被合并主体之间发生的经济业务或事项进行抵销后对各级政府报告期末整体财务状况、报告期运行情况和现金流量等信息的结构性表述。

注册会计师审计的主要内容是政府综合财务报告是否按《政府会计准则》及相关会计制度的规定进行编制及披露，在所有重大方面是否真实、完整地反映了报告期末合并财务状况、报告期合并收入与费用情况及合并现金流量信息。主要包括以下几个方面：

（一）关于纳入合并范围的政府会计主体

1. 纳入合并范围的标准是否明确、适当

由于政府会计主体的特殊性，需要特别关注这一标准与反映政府会计主体公共受托责任履行情况以及报告使用者决策或监督、管理的需要的相关性。依据这一标准确定的合并主体包括单位主体、资金主体是否完整、适当，是否遵循了实质重于形式的原则。

2. 政府部门间整合对合并范围的影响

由于政府部门职能调整与转换，通常会出现部门合并、分拆及部门行政职能调整而引起人员、资产（或负债）调整的情况。为避免纳入合并范围的会计主体重复或遗漏，对年度内存在部门职能整合的，应重点关注部门重组的影响等，确保合并范围内会计主体完整、准确。

3. 特殊因素对合并范围的影响

各级财政部门在编制本级次综合财务报告时，应对本级次所有政府部门逐一进行清查，除特殊因素影响外，纳入合并范围的主体不能重复或遗漏。如因战争、外交事件、自然灾害等不可抗力原因导致本应纳入合并范围的某些部门不能纳入合并范围，应详细披露不能纳入合并的原因；某些部门原不应纳入合并范围，如因职能调整转换等原因导致某单位从体制上虽不是政府部门，但仍实际履行政府部门职能并按政府部门运作，应根据实质重于形式原则将其纳入合并范围，并详细披露纳入合并范围的原因。

（二）关于纳入合并范围的政府会计主体采用的会计政策

不同政府会计主体发生的相同或者相似的经济业务或者事项，应当采用一致的会计政策，确保政府会计信息口径一致、相互可比。如果部门所采用的会计政策不同，在编制合并财务报表时，应按统一的会计政策进行调整。例如：相同或类似资产折旧政策应当一致；各部门会计主体核算的会计期间应当一致；货币计量单位应统一调整为人民币计量单位等。

（三）关于纳入合并范围的内部往来及交易事项的抵销

政府综合财务报告中包含本级次纳入合并范围的多个部门会计主体。政府部门之间、财政与部门及相关资金主体之间、财政内部之间发生的经济业务或事项，如各主体之间的债权债务、收入费用、国库集中支付资金、财政资金调拨等，均属于合并主体范围的内部往来或交易，在编制合并报表时应当抵销。

（四）关于重要财务信息的披露

政府综合财务报告除应披露合并资产负债表、合并收入费用表、合并现金流量表外，还应就编制上述合并财务报表的编制基础、合并范围、采用的会计政策和会计估计、主要资产、负债及净资产构成、资产计价及是否存在减值、使用变现受限情况、或有资产（负债）情况、报告期内重大事项、承诺事项、期后事项等进行准确、完整的披露，以便报告使用者全面了解、科学分析政府综合财务报告。

（五）关于政府综合财务报告其他使用目的的审计

政府综合财务报告使用者包括各级人民代表大会常务委员会、债权人、各级政府及其有关部门、政府会计主体自身和其他利益相关者。地方政府综合财务报告因其他特殊需求而进行注册会计师审计时，应根据报告的使用目的，适当增加审计内容。

例如，根据《预算法》及《国务院关于加强地方政府性债务管理的意见》（国发〔2014〕43 号）等相关文件，地方政府可作为发债主体，通过发行地方政府债券募集资金。作为债券发行主体，地方政府应披露其综合财务报告。注册会计师作为独立第三方，对地方政府发行债券披露的综合财务报告提供审计服务，并根据《注册会计师法》及《中国注册会计师审计准则》规定，对已发表意见承担相应审计责任。经注册会计师审计后的综合财务报告，更便于投资者了解并判断债券的投资风险与价值。

地方政府因发行债券公开披露其综合财务报告，注册会计师在审计时应增加以下内容：

1. 可能影响资信评级及债券发行条件的重要财务因素

除上述对政府综合财务报告的审计内容外，注册会计师还应将对发行主体的资信评级、债券发行条件、债券发行成本等产生影响的关键财务指标作为重点审计内容，如资产负债率水平、收入费用率水平、净资产规模等。

2. 其他可能影响投资者判断的财务信息

注册会计师实施审计时，还应将地方政府前次债券发行及利息支付情况，前次募集资金使用、结余情况，报告期末及报告期间资产、负债及收入、费用较大幅度的波动情况，重大或有事项及日后事项等披露信息作为审计内容，判断上述财务信息披露是否准确、完整，是否有误导性陈述等，以便投资者及时了解综合财务信息。

二、政府部门财务报告审计

政府部门财务报告由政府部门编制，反映政府部门的整体财务状况、运行情况和现金流量情况。政府部门财务报告包括：合并财务报表（合并资产负债表、合并收入费用表、合并现金流量表、合并会计报表附注）和其他应当在政府部门财务报告中披露的相关信息和资料。在编制部门合并财务报表时，对部门所属单位之间发生的经济业务或事项应当进行抵销。

部门财务报告审计的主要内容是政府部门财务报告是否在所有重大方面按照《政府会计准则》及相关会计制度的规定编制，在所有重大方面是否真实、完整地反映了报告期末合并财务状况、报告期合并收入与费用情况及合并现金流量信息。具体内容如下：

（一）报告期末资产、负债结存情况

政府部门会计主体期末资产、负债是否真实存在、是否完整；计价是否正确（包含期末资产是否存在减值、固定资产折旧计提是否正确等）；相关抵押、质押、担保等使用受限情况以及期末净资产结存情况。

（二）报告期收入、费用发生情况

政府部门会计主体在报告期内收入、费用是否按权责发生制进行核算；收入、费用是否根据真实发生的情况进行确认记录并完整反映，有无重大遗漏及跨期核算情况；费用支出的资本化或费用化核算是否合理等。

（三）报告期现金流量情况

政府部门会计主体编制现金流量表来整体反映报告期内的现金收入、使用、结存情况。注册会计师应重点审计报告期内是否按照不同资金来源、用途，对现金收支进行分类汇总；现金及现金等价物界定是否正确；现金收入、支出在不同项目间列报是否存在人为调整或分类错误；以外币计量的报表，在期末转换成以人民币计量时是否正确等。

（四）财务报告信息披露情况

注册会计师审计时应关注相关信息披露的真实、准确与完整，具体包括：相关会计报表的编制基础；采用的会计政策、会计估计；主要资产、负债及净资产构成，计价、期末资产是否存在减值、使用变现受限情况；或有资产（负债）情况、政府部门会计主体间往来与交易发生情况、报告期内重大事项、承诺事项、期后事项等。

三、事业单位财务报告审计

本报告研究的事业单位主要包括公立医院、公立学校、文化馆、图书馆等以社会公益为目的，从事教育、科技、文化、卫生等活动的社会服务组织。财政部近年来陆续颁布了一批指导事业单位财务核算的文件，如财政部、卫生部发布的《医院财务制度》（财社〔2010〕306 号），财政部于 2013 年 1 月新修订的《事业单位会计准则》及《事业单位会计制度》。上述准则及制度对事业单位编制财务报告作出了明确的规定。

注册会计师对事业单位财务报告审计的主要内容为事业单位的财务报告是否按照《事业单位会计准则》及《事业单位会计制度》的规定编制，是否真实、完整地反映了事业单位报告期末的财务状况、报告期的事业成果等。

事业单位财务报告审计的具体内容包括：

（一）事业单位会计报表审计

1. 资产负债表

资产负债表是指反映事业单位在报告期末的财务状况的报表。注册会计师审计时应重点关注事业单位期末资产、负债是否真实存在、是否完整；计价是否正确（包含期末资产是否存在减值、固定资产折旧计提是否正确等）；专项资金是否按规定使用；相关资产抵押、质押、担保等使用受限情况以及期末净资产结存情况等。

2. 收入费用表审计

收入费用表是指反映事业单位报告期间的事业成果及其分配情况的报表。注册会计师审计时应重点关注事业单位在报告期内收入、费用是否按权责发生制进行核算；收入、费用是否根据真实的发生情况进行确认；收入、费用的发生是否进行了完整反映，有无重大遗漏及跨期核算情况；费用支出的资本化或费用化核算是否合理等。

3. 财政补助收入支出表审计

财政补助收入支出表是指反映事业单位报告期间财政补助收入、支出、结转及结余情况的报表。注册会计师审计时应重点核对事业单位与财政间的款项划转情况及款项用途；款项支出是否符合规定用途，有无挤占挪用等。

（二）会计报表附注审计

注册会计师审计时应关注附注披露的真实、准确与完整，具体内容包括：事业单位会计报表的编制基础；采用的主要会计政策、会计估计；主要资产、负债及净资产构成，计价及使用变现受限情况；或有资产（负债）、报告期内重大事项、承诺事项、期后事项等。

四、非营利组织财务报告审计

《关于加快发展我国注册会计师行业的若干意见》（国办发〔2009〕56 号）明确规定“将医院等医疗卫生机构、大中专院校以及基金会等非营利组织的财务报表纳入注册会计师审计范围”。财政部于 2004 年 8 月 18 日发布了《民间非营利组织会计制度》（财会〔2004〕7号），对规范民间非营利组织的会计核算以及提高会计信息质量作出了制度性安排。

注册会计师在审计非营利组织财务报告时应重点关注：财务报告是否按照《民间非营利组织会计制度》等相关的规定编制；是否真实、完整地反映了非营利组织在报告期末的财务状况、报告期业务活动情况、现金流量情况等会计信息。

非营利组织财务报告审计具体内容包括：

（一）非营利组织会计报表审计

1. 资产负债表审计

资产负债表是指反映非营利组织在报告期末的财务状况的报表。注册会计师审计时应重点关注非营利组织期末资产、负债是否真实存在、是否完整；计价是否正确（包含期末资产是否存在减值、固定资产折旧计提是否正确等）；相关抵押、质押、担保等使用受限情况；期末净资产结存及分类情况。

2. 业务活动表审计

业务活动表是指反映非营利组织报告期间的业务收入、费用支出等业务活动情况的报表。注册会计师审计时应重点关注非营利组织在报告期内收入、费用是否按照权责发生制进行核算；交换交易形成的收入与非交换交易形成的收入分类是否正确；捐赠收入、会费收入、提供服务收入、政府补助收入、商品销售收入、资产租赁收入等收入确认是否正确；业务活动成本、管理费用、筹资费用等费用发生是否真实；收入、费用发生是否进行了完整反映，有无重大遗漏及跨期核算情况；费用支出的资本化或费用化核算是否合理等。

3. 现金流量表审计

现金流量表是指用以反映非营利组织报告期内现金收入、使用、结存情况的报表。注册会计师审计时应重点关注报告期内是否按照不同资金来源、用途，对现金收支进行分类汇总；现金及现金等价物界定是否正确；现金收入、支出在不同项目间列报是否存在人为调整或分类错误等。

非营利组织对外投资如具有控制权的，还应当编制合并财务报表。非营利组织合并财务报表审计内容可参照政府综合财务报告相关审计内容。

（二）会计报表附注审计

注册会计师审计时应关注附注披露的真实、准确与完整，具体内容包括：非营利组织会计报表的编制基础；采用的主要会计政策、会计估计；主要资产、负债及净资产构成，计价及使用变现受限情况；或有资产（负债）、报告期内重大事项、承诺事项、期后事项、接受劳务捐赠情况、受托代理交易情况、董事会（或者理事会、类似权力机构）成员和员工的数量及变动情况、获得的薪酬情况等。

（三）对财务情况说明的审计关注

注册会计师审计时应关注非营利组织财务情况说明书是否客观、全面、完整，是否有重大遗漏或误导性陈述，包括：①对组织的宗旨、组织结构以及人员配备等情况的表述；②组织业务活动基本情况、年度计划和预算完成情况，差异分析，以及下一会计期间业务活动计划和预算；③对非营利组织运作有重大影响的其他事项等。

第二节　公共部门特定事项审计的主要内容

注册会计师可以根据相关法律法规与相关部门的委托，对公共部门的特定事项提供审计或其他专业服务，如内部控制审计、预算绩效评价、领导干部（或领导人员，以下统称领导干部）经济责任审计等。本节以举例方式对注册会计师参与公共部门特定事项审计的主要内容作研究探讨。

一、公共部门内部控制审计

2012 年财政部印发的《行政事业单位内部控制规范（试行）》指出，审计主体在进行审计时，应当调查了解单位内部控制建立和实施的有效性，揭示相关的内部控制缺陷，有针对性地提出审计处理意见和建议，并督促单位进行整改。国办 56 号文件也要求注册会计审计积极向企事业单位内部控制等业务领域延伸。

注册会计师近年来对上市公司财务报告内部控制实施了审计，积累了丰富的审计经验，为实施公共部门内部控制审计打下了基础。注册会计师完全有能力接受委托，对公共部门内部控制进行审计。当然，注册会计师对行政事业单位内部控制的审计，也应侧重对财务报告内部控制实施审计，仅对财务报告内部控制的有效性发表意见。对于内部控制审计过程中注意到的非财务报告内部控制的重大缺陷，可以采用适当的方式与被审计单位进行沟通并披露。

注册会计师对公共部门内部控制实施审计的主要内容为：公共部门内部控制的设计是否有效并得到执行；公共部门内部控制运行是否有效。具体内容如下：

（一）审计内部控制的设计是否有效并得到执行

公共部门内部控制系统，包括控制环境、风险评估、控制活动、信息与沟通、控制监督五要素，并覆盖各项业务和职能部门。其内部控制设计有效与否，应重点关注以下方面：

1. 是否建立风险评估机制

主要关注公共部门是否建立风险定期评估机制，对行政管理、经济活动中存在的风险进行全面、系统和客观评估，以便识别风险、评估风险、控制风险，将风险降低到可接受程度。

2. 控制措施是否合理

控制活动应当贯穿公共部门内部的各个层级和所有的职能部门，涉及授权、核准、验证、资产安全以及职责分工等多种活动。审计应重点关注：①不相容职务是否适当分离；②针对不同业务事项是否取得一般授权或特别授权；③会计系统控制是否完善，是否能保证会计资料真实完整；④是否建立了财产日常管理制度和定期清查制度；⑤是否规范预算的编制、审定、下达和执行程序，强化预算约束；⑥是否建立了重大风险预警机制和突发事件应急处理机制等。

（二）审计内部控制措施运行是否有效

注册会计师在执行审计时，通过对关键控制实施测试，审查评价公共部门预决算业务控制、收支业务控制、政府采购业务控制、资产控制、建设项目控制、合同控制以及内部监督等经济活动的内部控制关键环节是否按控制设计有效运行。

二、公共部门预算绩效评价

2014 年新修订的《预算法》大大强化了预算绩效理念，并将其贯穿于预算编制、预算执行、预决算审查等环节。预算绩效管理的目标，是建立“预算编制有目标、预算执行有监控、预算完成有评价、评价结果有反馈、反馈结果有应用”的全过程预算绩效管理机制。近年来财政部门在预算绩效管理的实务上不断探索，评价范围和评价模式不断拓展，并引入了注册会计师作为独立第三方开展预算绩效评价。

2015 年 5 月，《国务院办公厅转发财政部、发展改革委、人民银行关于在公共服务领域推广政府和社会资本合作模式指导意见的通知》（国办发〔2015〕42 号），明确指出在政府和社会资本合作（PPP）模式下，政府采取竞争性方式选择社会资本，双方按照平等协商原则订立合同，由社会资本提供公共服务，政府依据公共服务绩效评价结果向社会资本支付相应对价。注册会计师作为独立于政府和社会资本的第三方，其评价结果将有助于维护双方的合法权益和社会公共利益。

公共部门预算绩效评价主要内容包括：

（一）公共项目绩效评价

公共项目绩效评价具体包括：对公路、水利、市政设施等公共基础设施项目的预算绩效评价；对教育、就业、医疗、社会保障等民生项目的资金投入、过程、产出和效果进行评价等。评价应重点关注项目绩效目标的设定情况、资金投入与使用、制度与流程管理、绩效目标的实现程度。在对政府和社会资本合作模式下的公共服务项目进行绩效评价时，应当特别关注是否建立了全生命周期的绩效管理机制、绩效评价结果与支付的对价关联度；是否按照国家统一的会计制度进行核算以及是否充分、适当地反映在政府财务报告中等。

（二）部门整体支出绩效评价

部门整体支出绩效评价具体包括：对业务主管部门的投入、过程、产出和效果进行评价；重点关注部门整体支出的绩效目标、预算编制与执行、预算管理、资产管理、职责履行的结果和效益。在评价时应当特别关注部门整体支出与部门职责的匹配程度；部门预算与部门规划的关联度；部门整体支出安排是否遵循重点突出、统筹兼顾、量力而行、讲求绩效的原则；是否有全局观念，而不是把预算绩效部门化等。

三、行政事业单位决算审计

注册会计师接受委托对行政事业单位的决算报表进行审计，审计内容主要包括年度收支总体决算情况、公共财政拨款支出决算情况、“三公”经费公共财政拨款支出决算情况等，并对其编制的决算报告是否符合《预算法》及《政府会计准则》等相关规定发表意见。具体审计内容如下：

（一）对收入、支出决算表的审计

对收入、支出决算表审计的审计内容包括：重点关注收入、支出的合法合规性、完整性。其中：收入方面包括收入来源是否合法、是否及时入账以及应上缴收入是否足额及时缴纳；支出方面包括支出是否合理、是否超预算支付；支出分类是否正确、有无挤占或虚列等。

（二）对“三公”经费支出表的审计

对“三公”经费支出表审计的审计内容包括：核实出国人员与主管机关出国人员批复中人员是否一致，出国费用支出是否合理；核对本年新增公务用车与购置批文及政府采购审批表是否一致，公务用车的运行及维护费用支出是否合理；公务接待费用支出是否合理等。

（三）对资产、负债及净资产结存表的审计

对资产、负债及净资产结存表审计的审计内容包括：资产、负债及净资产在期末是否真实存在、是否重复或遗漏；净资产结存分类是否正确等。

第六章　我国公共部门注册会计师审计的委托模式和经费保障机制研究

第一节　公共部门注册会计师审计委托模式

审计委托模式均以特定审计关系为基础，顺应并满足特定审计关系的内涵和要求。依照受托责任理论，注册会计师接受公共部门委托人的委托进行审计，最终目标是为了确认或解除公共部门受托责任人的经济责任。由此可见，公共部门注册会计师审计委托关系是以公共受托经济责任鉴证为重要目标所建立的一种审计委托、受托责任关系。

一、我国公共部门注册会计师审计委托关系的基本定位

当前，深入推进的财政预算体制改革和政府会计改革为建立公共部门注册会计师审计制度提供了新的机遇和赋予了新的内涵。由此决定了我国公共部门注册会计师审计委托关系的基本定位为：

第一，以社会公众利益导向为基础，全面构建适应我国经济体制改革大局要求的新型审计委托关系。经过 30 多年的经济体制改革，我国的社会经济结构已经发生了显著改变，多元化发展已经成为我国社会经济发展变革的主流趋势。多元化经济利益主体共存的社会格局必然要求在国家和社会治理中，在公共预

算、公共资源管理、公共信息披露和公共利益维护等领域推行更加广泛的社会公众利益导向，并在此基础上建立和完善面向社会公众的公共利益经济监督机制。从这个意义上讲，我国公共部门注册会计师审计委托关系的构建，应当以社会公众利益导向为基础、以最大限度地保护公众权益为目标，促进经济社会协调稳定可持续发展。

第二，以审计的独立性为前提，建立公共部门注册会计师第三方独立审计机制，创新和完善我国现行审计监督体制。我国现行的公共部门审计体制融合于政府“行政型”审计模式之中，强调以政府审计为主导，审计方式主要是事后监督，审计内容是以公共部门财务收支的合法性、合规性为主。但从国际惯例和当前我国财政预算体制改革、政府会计改革和权责发生制政府综合财务报告制度改革的总体目标看，建立和实施公共部门注册会计师审计制度的宗旨是注重对公共部门财务报告整体的真实性、完整性为审计目标发表审计意见，以便完整地评价被审计单位的预算执行、财务状况和收支成果，并以此为契机全面提升公共部门预算、财务、会计信息的公开度和可信度，借此全面提升政府和公共部门的公信力。这一目标的确立，在审计的独立性、公正性以及社会公信力等方面，对审计委托机制提出了更新、更高的要求。只有改革公共部门现行审计委托模式，建立更加独立的第三方审计机制，全面提高公共部门注册会计师的独立性，才能保证顺利实现公共部门注册会计师审计制度的基本目标。

第三，以构建科学系统的公共部门注册会计师审计制度为目标，全面加强审计委托、执行的全过程管理。公共部门注册会计师委托审计方式是整个公共部门注册会计师审计管理流程中的首要环节，完善的公共部门注册会计师审计制度应当配套建立会计师事务所选聘、执业质量监管、审计责任承担、审计经费预算、审计绩效评价和审计成果利用等一整套机制，形成科学、有效、完整的公共部门注册会计师审计制度体系，才能有效弥补现行公共部门审计监督机制的不足。

二、公共部门注册会计师审计委托的主要类型

我国公共部门注册会计师审计委托模式的选择，关键在于根据我国现行公共部门体制架构的实际情况，适应财政预算管理体制改革和政府会计改革的新要求，结合政府审计和注册会计师审计各自的特长和优势，促进公共部门审计

监督体系的协调发展。基于上述考虑，我国公共部门注册会计师审计可以初步划分为以下三类：

（一）作为法定事项由相关权力机构等委托实施的审计

主要是指依照《预算法》、《注册会计师法》等法律法规和国务院要求，纳入法定审计范围，由国家权力机关或同级人民政府委托注册会计师实施的审计。

综合考虑，为有效配合财政预算体制改革和政府会计改革，应当把政府年度综合财务报告和部门年度财务报告纳入注册会计师审计范围，并在法制层面进行恰当规范，才能达到进一步推进政府预算信息公开、提高政府会计核算信息质量、全面提升政府公信力的目的。因此，作为法定事项，由相关权力机关或人民政府委托注册会计师审计的首要对象应该是政府年度综合财务报告和部门年度财务报告。

（二）基于外部监管需要由相关政府部门委托实施的审计

主要是指经济管理或监督部门（包括财政、审计、银行、税务、证券、司法等）和业务主管部门基于外部监管的需要，通过政府购买服务的方式委托注册会计师对公共部门特定事项实施的审计（如预算执行情况审计、财政资金绩效评价、经济责任审计等）。

（三）基于自身发展需要由公共部门自行委托实施的审计

主要是指公共部门基于自身发展需求或管理需要，自行委托注册会计师对委托事项实施的财务报告或其他事项审计。

三、公共部门注册会计师审计委托的组织实施

如前所述，公共部门注册会计师审计委托的核心是建立独立的第三方委托机制以充分保障公共部门注册会计师的独立性。综合考虑我国目前公共部门的组织架构、财政预算管理级次、公共部门审计的具体内容和审计需求，我国公共部门注册会计师审计委托可以分为三个层次组织实施。

（一）公共部门年度财务报告审计的组织实施

（1）政府年度综合财务报告的审计，建议由人大及其常委会，或同级人民政府直接招标委托会计师事务所实施，或者授权财政部门招标委托会计师事务所实施。

（2）部门年度财务报告的审计，建议由同级财政部门统一招标会计师事务所实施。

（二）政府部门基于监管需要委托审计的组织实施

按照《中华人民共和国政府采购法》、《中华人民共和国政府采购法实施条例》和预算管理制度的相关规定执行。

（三）公共部门自行委托审计的组织实施

区别公共部门类型和审计经费来源，按《中华人民共和国政府采购法》、《中华人民共和国招标投标法》、《中华人民共和国政府采购法实施条例》、《中华人民共和国招标投标法实施条例》、预算管理制度和公共部门财务管理规定执行。

第二节　公共部门注册会计师审计经费保障机制

审计经费保障机制是指从制度层面对公共部门注册会计师审计经费所作出的规划和保障。总结国际惯例和我国开展公共部门注册会计师审计工作试点的经验，我国公共部门注册会计师审计经费保障机制的设计，应当综合考虑目前我国公共部门的体制架构、公共部门注册会计师审计的目的和内容以及公共部门审计委托模式的不同，从审计经费保障主体、经费保障方式、审计付费标准、审计经费保障机制长效化建设四个方面作出恰当的制度安排。

一、公共部门注册会计师审计的经费保障主体

按照我国经济合同法的规定，公共部门注册会计师审计经费原则上应当由审计委托人支付。如前所述，目前我国公共部门注册会计师审计可大体划分为作为法定事项由相关权力机构等委托实施的审计、基于外部监管需要由相关政府部门委托实施的审计以及基于自身发展需要由公共部门自行委托实施的审计这三种类型。相应地，公共部门注册会计师审计经费的保障主体可供选择的方式主要有两种：其一，对于由相关权力机构和政府部门委托实施的注册会计师审计，审计经费应当列入相关权力机构和政府部门的预算，按国库集中支付制度向会计师事务所支付；其二，对于公共部门自行委托实施的注册会计师审计，审计经费应当由公共部门按委托协议与会计师事务所结算支付。

二、公共部门注册会计师审计经费的保障方式

（一）财政预算全额保障审计经费

对于作为法定事项由相关权力机构等委托实施的公共部门年度财务报告审计和基于外部监管需要由相关政府部门委托实施的审计，由于属于法定强制行为，或为履行行政监管职能提供专业支持，相应的审计经费应当全额由财政预算保障。

（二）财政预算部分支持审计经费

一些公共部门自行委托的注册会计师审计，如果该审计事项对公共部门履行职能、改革发展和自身建设具有重大影响且经批准部分地列入财政预算，则实质上由财政预算对审计经费作了部分支持或补助。

（三）审计经费由公共部门自筹解决

公共部门根据自身需要，自行委托注册会计师审计且未经批准列入财政预算的，应由公共部门自筹经费支付审计费用。

三、公共部门注册会计师审计服务收费

（一）公共部门注册会计师审计服务的定价机制

从国际惯例看，注册会计师审计大多属于典型的市场服务行为，审计服务定价多由审计供求双方按照“等价交换”的市场规则协商确定。但是，当前我国市场经济体制尚不成熟，审计供求关系尚未达到市场规范化的程度。从审计需求和审计目的综合分析，我国现阶段公共部门注册会计师审计服务更多地表现为一种介乎政府行为与市场行为之间的准商业服务性质。基于这一特殊性考虑，现行体制下公共部门注册会计师审计服务定价采用政府指导与市场调节的“双向定价机制”较为适宜。“双向定价机制”并非理想的市场定价机制，但在我国公共部门注册会计师审计探索试点阶段，其最大优点是可以在政府财政预算保障标准与注册会计师的市场商业利益之间求得合理的平衡，并逐步引导我国注册会计师行业定价机制向市场规范化的方向过渡。

（二）公共部门注册会计师审计服务的计费方式

我国现阶段公共部门注册会计师审计尚处在探索试点阶段，因此公共部门注册会计师审计服务的费用支付方式和标准尚有待审计实践的积累和深化。借鉴我国注册会计师审计相关的行业经验和公共部门注册会计师审计试点工作的初步经验，公共部门注册会计师审计服务的计费方式和标准可以按以下两种方式进行。

1. 计时收费

计时收费是国际通行的注册会计师审计计费方式，即以注册会计师审计项目的工时耗费为基础计算审计费用。其中公共部门注册会计师审计服务的单位工时价格由四个部分组成：第一，审计项目的直接成本，即项目直接耗费的人工、资料、交通和其他税费；第二，项目实施的质量控制成本，即会计师事务所为保障审计项目质量发生的技术支持、平台建设、质量控制等间接费用分摊；第三，项目风险成本，即为防范和应对审计项目风险或承担审计诉讼发生的其他支出；第四，项目合理利润。将上述各项支出折算为“审计工时费率”作为审计费用报价的直接依据，能够更加直接、客观地反映审计项目的价格构成，

也符合注册会计行业智力成本补偿的特性。但这种计费方式对审计项目管理基础工作的质量要求较高，同时由于不同规模的事务所之间质量成本、风险控制成本具有不可比性，由此可能导致费用标准的明显差异。因此在公共部门注册会计师审计领域，计时收费标准较适用于人工成本占比较高的公共服务行业（例如高等院校、公益慈善机构等），而在资产构成占比较大的政府公共服务部门尚不具备普遍推行的条件。

2. 计件收费

计件收费是一种根据业务规模，乘以合理的系数来确定业务收费的标准体系。这种收费标准的关键是要选取特定的业务规模替代变量且确定合理的收费率。因此，在这种收费模式下，不仅要考虑替代变量的可获得性、客观性、合理性，而且要确保收费率能够合理地反映工作时间、耗费的成本、承担的风险等。计件收费是目前我国注册会计师审计行业较为普遍的计费方式，通常以被审计项目的资产总额为计价基础，参考收入总额和审计内容两大指标，综合计算确定收费单价和审计费用总额。这是因为，资产总额以及营业收入能够比较确切地反映审计的工作量。在收费率方面，我国大部分地区采用的是超额累进制，对资产规模的不同阶段采用不同的收费率，这种方式的合理之处是能够反映因审计规模扩大而带来的审计成本降低效应。

（三）全国公共部门注册会计师审计费用预算的估算

为了尽量确保估算结果的合理性，我们选择了上海、浙江、福建、湖北、安徽、青海、山西七省（市）作为样本进行估算，兼顾了我国东中西部，具有较好的代表性。

1. 估算方法

按照七省（市）会计师事务所服务收费标准（见表6-1）、2013年年末行政事业单位的年末资产额、年末机构户数等，测算出七省（市）平均资产审计费用率，再用平均资产审计费用率及全国行政事业单位2014年年末资产总额，结合现行相关情况，估算出公共部门注册会计师审计制度在全国全面推行后的每年审计费用总额。

2. 估算过程

样本省（市）户均年末资产额＝年末资产总额/年末机构户数

表 6－1　上海、湖北、青海等七省（市）注册会计师年报审计收费指导标准

单位：万元

省（市）	总资产/费率	计费区间及费率										
上海	资产总额	50 以下	50～100	100～500	500～1 000	1 000～2 000	2 001～5 000	5 001～10 000	10 000 以上	—	—	—
	收费标准	0.20	0.25	0.40	0.50	0.70	1.00	1.50	0.12‰	—	—	—
	区间收费金额	0.20	0.25	0.40	0.50	0.70	1.00	1.50		—	—	—
浙江	资产总额	50 以下	50～100	100	300	600	1 000	2 000	4 000	6 000	8 000～10 000	10 000～100 000
	收费标准	0.12	0.20	0.30	0.40	0.50	0.60	0.75	0.90	1.05	1.20	0.12‰
	区间收费金额	0.12	0.20	0.30	0.40	0.50	0.60	0.75	0.90	1.05	1.20	—
福建	资产总额	≤50	>50 ≤100	>100 ≤500	>500 ≤1 000	>1 000 ≤5 000	>5 000 ≤10 000	>10 000 ≤50 000	>50 000	—	—	—
	收费标准	0.13	0.16	0.25	0.55‰	0.3‰	0.2‰	0.1‰	0.05‰	—	—	—
	区间收费金额	0.13	0.16	0.25	0.28	1.20	1.00	4.00	—	—	—	—
湖北	资产总额	100 以下（含）	100～500（含）	500～1 000（含）	1 000～5 000（含）	5 000～10 000（含）	10 000～100 000（含）	100 000～500 000（含）	500 000～1 000 000（含）	1 000 000 以上	—	—
	收费标准	3‰	0.75‰	0.4‰	0.15‰	0.12‰	0.1‰	0.09‰	0.05‰	0.04‰	—	—
	区间收费金额	0.30	0.30	0.20	0.60	0.60	9.00	36.00	25.00	—	—	—
安徽	资产总额	50 以下（含 50）	50 以上～100（含）	100～500（含）	500～1 000（含）	1 000～5 000（含）	5 000～10 000（含）	10 000～50 000（含）	50 000～100 000（含）	100 000 以上	—	—
	收费标准	0.12	0.2	0.3	0.4‰	0.3‰	0.2‰	0.15‰	0.1‰	0.05‰	—	—
	区间收费金额	0.12	0.20	0.30	0.20	1.20	1.00	6.00	5.00	—	—	—

续表

省（市）	总资产/费率	计费区间及费率										
青海	资产总额	100 以下（含）	100～500（含）	500～1 000（含）	1 000～5 000（含）	5 000～10 000（含）	10 000～100 000（含）	100 000 以上	—	—	—	—
	收费标准	0.20	0.4‰	0.3‰	0.2‰	0.1‰	0.05‰	0.01‰	—	—	—	—
	区间收费金额	0.20	0.16	0.15	1.20	0.50	4.50	—	—	—	—	—
山西	资产总额	100（含）以下	100～500（含）	500～1 000（含）	1 000～3 000（含）	3 000～5 000（含）	5 000～10 000（含）	10 000～30 000	30 000～50 000	50 000～70 000	70 000～100 000	100 000 以上
	收费标准	0.20	0.40	0.70	0.80	1.00	0.5‰	0.3‰	0.2‰	0.1‰	0.08‰	分段递减、双方协商
	区间收费金额	0.20	0.40	0.70	0.80	1.00	2.50	6.00	4.00	2.00	2.40	—

注：①本表收费标准来源于《会计师事务所服务收费管理办法》（发改价格〔2010〕196 号，国家发改委、财政部 2010 年 7 月 27 日发布）发布后七省（市）分别制定的会计师事务所服务收费标准。

②上海对资产总额超过 1 亿元的部分采取超额定率累进的收费计算方法；1 亿元以内的采取分档定额收费标准。

③浙江采取分档定额收费标准。

④福建、湖北、安徽、青海采取超额定率累进的收费计算方法。

⑤山西对资产总额在 5 000 万元以内的采取分档定额收费标准，对资产总额超过 5 000 万元的采取超额定率累进的收費计算方法。

样本省（市）户均审计收费金额为按户均年末资产额和相应省（市）收费标准计算出的审计收费金额。

样本省（市）审计收费总金额 = 户均收费金额 × 年末机构户数

样本省（市）资产审计费用率 = 审计收费总金额/年末资产总额

根据以上估算方法，我们测算出平均资产审计费用率为 0.34‰（平均每万元资产的审计费用率）（见表 6－2）。

表 6－2　　平均每万元资产审计费用率　　单位：万元

省（市）	资产总额	单位户数（户）	户均资产	户均收费金额	收费总金额	万元资产费用率（‰）
	A	B	C = A/B	D	E = D × B	F = D/C
上海	61 790 000	7 800	7 921.79	1.50	11 700.00	0.19
浙江	86 890 000	24 000	3 620.42	0.90	21 600.00	0.25
福建	44 890 000	26 300	1 706.84	1.03	27 089.00	0.60
湖北	52 590 000	25 500	2 062.35	0.96	24 480.00	0.47
安徽	42 500 000	22 100	1 923.08	1.10	24 310.00	0.57
青海	9 240 000	6 300	1 466.67	0.60	3 780.00	0.41
山西	36 520 000	23 000	1 587.83	0.80	18 400.00	0.50
样本平均值	47 773 065.00	19 286.00	2 898.43	0.98	18 967.86	0.34

注：本表七省（市）的资产总额及单位户数数据来源于 2013 年年末相关数据。

3. 全国行政事业单位注册会计师审计收费估算

根据全国行政事业单位 2014 年年末资产总额和平均资产审计费用率，结合在收费过程中的实际情况，估算出全国行政事业单位每年年报审计费用总金额。

据统计，全国行政单位和事业单位资产总额合计约为 21 万亿元，以上述样本省（市）平均资产审计费用率 0.34‰进行估算，并结合样本省（市）企业年报审计费用实际支付水平及公共部门注册会计师审计试点省（市）（例如上海）的实际付费水平，估算出公共部门年度财务报告审计在全国全面推行的每年的审计费用约为 35 亿元。

国务院《关于批转财政部权责发生制政府综合财务报告制度改革方案的通知》（国发〔2014〕63 号）提出了自 2018 年起实施政府综合财务报告审计的目标。我们建议，在前期部分省（市）已在部分领域先行开展公共部门注册会计师审计试点的基础上，可利用2016年、2017年两年时间进一步扩大试点。我们提出两个试点方案。

方案一：假设全国行政事业单位资产在各省区市均衡分布，选择10个省区市试点，且每个省区市参与试点的行政事业单位比重为10%，结合前述审计费用估算，则扩大试点期间全国每年发生的审计费用约为1.13亿元（35/31×10×10%）。如果平摊至参与试点的每个省区市，则每个省区市约为1 130万元。

方案二：假设每个省区市的本级行政事业单位资产总额约占行政事业单位资产总额的25%（以湖南为例），若选取10个省区市50%的本级单位先行进行试点，则扩大试点期间全国每年发生的审计费用约为1.4亿元（35/31×25%×50%×10），平均每个省区市的审计费用约为1 400万元。

本报告认为，试点工作对财政预算支出的压力较小，如果在试点期间，中央财政对试点省区市给予一定支持，则将进一步减轻地方财政的负担，而对自2018年起正式实施的政府财务报告审计制度将发挥十分重要的探索及奠基作用。例如：上海在2011~2012年度试点实施公共部门注册会计师审计期间，平均每年花费审计费用1 730万元，平均每年查出问题金额151.87亿元，即每投入1元审计费用，查出问题金额878元。因此，建议择机扩大试点并加强对试点工作的指导和统筹。

特别提出的是，随着政府会计准则体系的建立健全和有效实施，政府年度综合财务报告及部门年度财务报告的标准化程度将不断提高；随着公共部门注册会计师审计制度的逐步完善，注册会计师对行政事业单位的业务将逐步熟悉；随着政府采购和政府购买服务方式的不断完善，公共部门注册会计师审计的规模化效应将不断增强；随着大数据、云计算等信息技术日新月异，审计手段和技术不断改进，审计效率将不断提升。以上这些因素都有利于推动公共部门注册会计师审计费用的逐步下降。

四、公共部门注册会计师审计经费保障长效机制的建设

我国公共部门注册会计师审计经费保障机制建设，是一个不断探索和完善、循序渐进的长期建设过程。为了保证这一制度的持续性、稳定性和科学性，应当从制度的“核心体系”和“运行保障体系”两个方面逐步规范、有序推进、稳步实施。

（一）我国公共部门注册会计师经费保障机制的核心体系构建

构建核心法律规范体系，需要对《中华人民共和国预算法》进行必要修订或在《中华人民共和国预算法实施条例》中强化有关内容，力求公共部门注册会计师审计经费保障合法化，从根本上解决公共部门注册会计师审计经费预算的来源问题。

（二）我国公共部门注册会计师审计经费的运行保障体系构建

即旨在构建一个确保审计委托模式和经费保障机制正常、有效运行的辅助体制。主要包括审计项目管理、项目质量控制和项目绩效管理三个方面。目的在于从操作执行层面最大限度地保证经费保障机制的效率和效果。

1. 构建审计项目预算管理目录体系

按照分类管理的原则，针对不同类型的审计对象和各项具体的经营业务内容，分别研究建立《预算保障类审计项目管理目录》，以便对不同类型的审计形成有效的经费支撑。具体包括：目录涉及的具体经济业务内容；对应的授权委托方式；相应的政府采购规范以及适用的付费标准与费用支付方式；审计经费预算管理、审批控制权限等。

2. 项目质量控制体系

以审计项目质量检查、评估为前提，按照“优质优价”的原则，研究建立对应的公共部门注册会计师审计经费预算管理制度，包括：公共部门注册会计师审计项目质量分类控制标准、公共部门注册会计师审计项目质量控制与经费保障的挂钩办法和公共部门注册会计师审计项目质量责任经济处罚标准等。

3. 项目绩效管理体系

以审计经费的有效使用、审计成果的最大化利用为原则，建立审计项目绩效管理体系。根据审计经费使用的绩效，进一步优化经费资源的配置，具体包括：项目绩效基础管理、审计绩效评价制度、审计绩效评价结果报告与应用制度等方面。同时研究建立审计绩效评价结果信息公开制度和审计绩效问责制度，作为完善审计经费预算管理的重要依据。

第七章 我国公共部门注册会计师审计结果运用机制研究

第一节 我国公共部门注册会计师审计结果的主要形式

公共部门注册会计师审计结果是指注册会计师对公共部门编制的财务报告以及其他特定事项执行审计工作后得出的审计结论或审计发现。审计结果的主要形式是具有法定证明效力的、可对外公开的审计报告。此外，注册会计师还可以根据审计过程中发现的问题向被审计单位出具管理建议书。

公共部门注册会计师审计报告是注册会计师根据有关审计准则或规范的要求，在实施了必要的审计程序后作出审计结论、发表审计意见的书面文件。审计报告是注册会计师以独立第三方的身份开展审计工作的结果，具有法定证明效力，也是审计人员把审计结果传递给所有利益相关者的主要载体，是审计结果的最主要形式。审计报告因审计类型不同，其审计目标与执行的审计程序也有所不同，从而导致审计报告格式与内容存在差异。根据公共部门审计对象与审计委托模式的不同，审计报告可以分为注册会计师对公共部门财务报告出具的审计报告、政府购买注册会计师审计服务形成的特定事项审计报告、公共部门自行委托注册会计师审计形成的审计报告三大类。其中，公共部门年度财务报告审计应作为注册会计师法定审计业务，特定事项审计属于政府购买注册会计师专业服务的业务，而公共部门自行委托注册会计师审计则属于按需委托的自愿审计业务。

一、审计报告

（一）注册会计师对公共部门财务报告出具的审计报告

1. 注册会计师对公共部门财务报告出具的审计报告定义

注册会计师对公共部门财务报告出具的审计报告，是指注册会计师根据中国注册会计师审计准则和有关公共部门财务报表审计指引的规定，在执行审计工作的基础上，对公共部门财务报告是否在所有重大方面按照政府会计准则、政府会计制度、事业单位会计准则、事业单位会计制度以及特定行业会计制度的规定编制，是否公允反映了公共部门的财务状况、运行情况和现金流量并且发表了具有审计意见的书面文件。

2. 注册会计师对公共部门财务报告出具的审计报告构成要素

根据审计准则的规定，标准无保留意见的审计报告应当包括标题、收件人、引言段、公共部门财务报告责任方的会计责任段、注册会计师的审计责任段、审计意见段、注册会计师的签名和盖章、会计师事务所的名称、地址和盖章、报告日期等审计报告要素。除了标准无保留意见类型的审计报告外，审计报告还包括其他四种类型：带强调事项段或其他事项段的无保留意见、保留意见、否定意见和无法表示意见的审计报告。对于其他类型的审计报告，需要在标准无保留意见的审计报告的基础上增加说明段或强调事项段及其他事项段。

（二）政府购买注册会计师审计服务形成的特定事项审计报告

1. 政府购买注册会计师审计服务形成的特定事项审计报告定义

政府购买注册会计师审计服务形成的特定事项审计报告是指政府部门通过政府采购方式委托注册会计师对公共部门预算编制、预算执行、决算、发债和其他特定事项实施审计，发表审计意见或形成其他审计成果的书面文件。在当前阶段，较为常见的有决算报告审计报告、财政专项资金绩效评价报告和领导干部经济责任审计报告，本报告暂以这三类审计报告为例作简要介绍。

2. 政府购买注册会计师审计服务形成的特定事项审计报告构成要素

（1）决算报告审计报告的构成要素。决算报告审计报告是指注册会计师依据《预算法》、《部门决算管理制度》（财库〔2013〕209 号）以及《中国注册会计师执业准则》的有关规定，实施必要的审计程序后对被审计单位决算报告编报情况、预算执行情况进行总体评价，对审计过程中发现的问题进行分析总结，并提出针对性的改进建议后形成的审计报告。

除标题、收件人等审计报告通用要素外，决算报告审计报告通常还包括以下要素：①审计总体情况，包括财务状况与收入支出情况、预算收支执行情况以及财务报表与决算报表差异原因说明。②审计评价，包括对被审计单位决算报表编报情况、预算执行情况进行评价，并对被审计单位内部控制制度建立和执行情况进行整体评价。③审计中发现的主要问题，包括详细表述问题的基本情况，如责任主体、问题事实、涉及金额等要素，另列出认定问题的具体法规依据并说明理由。这部分的具体内容因被审计单位而异，但通常会涉及预决算管理、收支业务管理、政府采购与合同管理、国有资产管理等方面。④审计建议，针对在审计过程中发现的上述问题，注册会计师给出的有针对性的具体建议。

（2）财政专项资金绩效评价报告的构成要素。财政专项资金绩效评价报告是指注册会计师接受委托，以项目支出为重点，对预算支出的经济性、效率性和有效性实施评价后形成的审计报告。

除标题、收件人等审计报告通用要素外，财政专项资金绩效评价审计报告通常还包括项目立项情况、项目执行情况、项目绩效及评价结论、评价发现的问题以及相关意见与建议等要素。

（3）领导干部经济责任审计报告的构成要素。领导干部经济责任审计报告是指注册会计师受托对公共部门领导干部任职期间所在部门或单位财政财务收支的真实性、合法性和效益性以及对有关经济活动应当负有的责任进行审计后形成的审计报告。

除标题、收件人等审计报告通用要素外，领导干部经济责任审计报告通常还包括实施审计工作的基本情况、领导干部任职期间所在单位或部门财政财务收支工作的各项目标及任务完成情况、审计评价意见以及存在的问题和改进建议等要素。

（三）公共部门自行委托注册会计师审计形成的审计报告

在某些情形下，公共部门根据自身发展或管理需要等自行委托注册会计师进行审计，利用注册会计师的专业服务，为规范管理、促进发展提供专业支持。例如，公共部门开展的科研项目资金结题审计、基本建设投资项目竣工决算审计业务等。这类自行委托事项审计报告的要素根据具体委托事项而定，但通常应包括标题、收件人、引言段、报告主体内容、注册会计师的签名和盖章、会计师事务所的名称、地址和盖章、报告日期等审计报告要素。

二、管理建议书

注册会计师通过实施审计程序，在审计过程中往往会发现公共部门在财务会计核算、内部控制等方面存在问题，这些问题若不能得到及时解决，将影响被审计单位编制的财务报表的真实性与准确性，而且可能影响公共财政资金的使用效率与效果。注册会计师在审计过程中通过与被审计单位管理层的沟通，有些财务报表的错报问题可能在出具审计报告前已经被调整，但有些问题在出具审计报告之前仍无法解决，需要在以后期间进一步关注与整改。因此，注册会计师除了出具正式的审计报告之外，通常还会向被审计单位提交管理建议书，供管理层决策参考。

管理建议书是注册会计师在实施财务报告审计的基础上，就被审计单位内部控制及会计系统中存在的问题向公共部门管理层阐明问题性质，并进一步提出改进建议的书面文件。管理建议书的目的是向委托方或公共部门管理层提出专业意见，为公共部门建立和完善内部控制制度、改进会计核算工作、提高财务管理水平等提供参考。

管理建议书的具体内容根据被审计单位的具体情况确定，而且针对不同类型审计出具的管理建议书的格式与内容也有所不同。但管理建议书通常会明确在审计过程中发现的具体问题、这些问题的性质与原因、对这些问题的改进建议等。被审计单位收到管理建议书后，对注册会计师提出的问题进行分析，与注册会计师沟通，并表明其对问题的处理态度与具体方法。

第二节　我国公共部门注册会计师审计结果运用现状

目前，我国政府部门仍按收付实现制编制年度财务报表，政府综合财务报告尚处于试编阶段，真正意义上的政府综合财务报告体系尚未形成。作为先行试点，教育和卫生系统等事业单位的年度财务报表和部门决算报表注册会计师审计已经在少数省市开展初步实践，审计结果运用也取得了一定成效，但运用主体范围较窄、运用形式较单一，尚需进一步建立和完善审计结果的公开运用机制。对于政府购买注册会计师审计服务形成的特定事项审计结果，以及公共部门自行委托注册会计师审计形成的审计结果，目前主要用于委托方的特定目的，一般情况下不向社会公开运用。

一、审计报告的运用现状

（一）年度财务报表和部门决算报表审计报告的运用现状

根据本报告的调查，国办 56 号文件印发以来，浙江、上海等省市已开始试行由注册会计师审计教育和卫生系统等事业单位的年度财务报表和部门决算报表。年度财务报表和部门决算报表审计报告的运用主体主要为财政部门、业务主管部门、公共部门管理层以及某些特殊利益相关者。在现有审计报告未对外公开的情况下，注册会计师通常将审计报告直接递交给委托方，审计报告的运用方式是一对一的直接运用方式。

目前，财政部门等运用主体对年度财务报表和部门决算报表审计报告一般采用“分析问题—提出整改建议—监督整改成效”的运用模式。以注册会计师审计实践开展较早和较好的上海市为例，根据《上海市市级事业单位年度财务会计报表和部门决算报表审计监督工作办法》（沪财库〔2013〕44 号）的相关规定，审计报告直接报送业务主管部门，业务主管部门在收到审计报告后，对所属单位审计发现的问题进行汇总，同时针对审计发现的问题，向被审计单位出具整改建议。业务主管部门于限定日期前将正式审计报告及其附表、审计结果汇总情况报送财政部门。业务主管部门认真督促被审计单位对审计过程中发现的问题进行整改，并于限定日期前将所属单位审计整改汇总报告报送财政部门。

实务中，财政部门与业务主管部门对年度财务报表和部门决算报表审计报告的运用已取得初步的成效。以上海市为例，针对 2010 年度以及 2011 年度审计发现的 2 963 个违规问题，上海市各市级事业单位进行了整改，截至 2012 年年度审计时已实际完成整改 1 565 个，整改完成率达到 52.82%。本报告对浙江省的调查结果也表明，公共部门对注册会计师审计发现的问题较为重视，并积极整改。据不完全统计，对浙江省部分事业单位 2012 年度财务报表和部门决算报表审计发现的问题，截至 2013 年度审计时除部分历史遗留问题因特殊原因尚未得到整改外，其他问题已经基本完成整改。

但是，我们也注意到，目前年度财务报表和部门决算报表审计报告的运用主体仍主要局限于财政部门、业务主管部门以及公共部门管理层，并未向社会公众全面公开。如果审计报告不对外公开，社会公众就无法全面地了解公共部门的财务状况、运行情况以及与审计相关的重要事项，审计中发现的部分问题也可能由于缺少社会公众的监督而没有得到有效整改，从而影响注册会计师审计结果发挥应有的作用。特别是随着政府会计改革的进一步推进，注册会计师审计将延伸至各级政府和各个部门，审计报告的运用主体范围也亟待扩大，应当让所有需要了解公共部门财务状况与运行情况的使用者都能获取相应的信息，并根据具体要求与目标分析运用，从而有利于其作出正确的决策。

此外，部分地区或部门对现有公共部门年度财务报表和部门决算报表审计结果的应用，仍停留在对出具报告的简单汇总、数据式分析阶段，其揭示的重点问题或事项以及对改进有关工作的建议，尚未引起所属业务主管部门的高度关注。注册会计师与业务主管部门、审计对象的沟通、交换意见尚不深入，对推动有关行业提高整体管理水平所应发挥的功能还不显著。

（二）政府购买注册会计师审计服务形成的特定事项审计报告运用现状

政府购买注册会计师审计服务形成的特定事项审计报告的运用主体通常包括购买服务方，在特定情况下也可能包括公共部门管理层、业务主管部门或者其他特定利益相关者，一般情况下不向社会公众公开。政府购买注册会计师审计服务形成的特定事项审计报告通常为详式审计报告，针对被委托事项披露详细的审计过程和审计结果。例如，财政专项资金绩效评价审计报告中明确披露了绩效评价结果，财政部门和公共部门管理层可以整理、归纳、分析、反馈绩效评价结果，并将其作为安排以后年度专项资金预算和改进预算管理的重要依据。

（三）公共部门自行委托注册会计师审计形成的审计报告运用现状

公共部门自行委托注册会计师审计形成的审计报告通常不向社会公众公开。审计报告的运用主体通常仅为委托方，即公共部门管理层。这类审计报告一般为详式审计报告，针对被委托事项披露详细的审计过程和审计结果，运用主体通过直接运用审计报告，可以较好地实现其特定目标。例如，本报告对浙江省教育系统的部分高校和浙江省卫生系统的部分公立医院调查表明，公共部门管理层普遍认为基本建设投资项目竣工决算审计报告在实务中运用成效显著。通过运用审计报告，可以全面、准确地掌握项目的实际财务状况和最终建设成果，检查是否存在虚列工程、隐匿资金、高估冒算等问题，从而达到提高竣工决算质量、正确评价投资效益、总结建设经验、改善基本建设项目管理的目的。

二、管理建议书的运用现状

现阶段，管理建议书在实践中得到了较广泛的运用。例如，浙江省和上海市在开展年度财务报表和部门决算报表审计工作中，都明确要求在审计报告以外增加管理建议书，以补充对审计发现相关问题的分析和整改建议。管理建议书的主要运用主体为公共部门管理层。公共部门管理层在运用管理建议书时，通常针对注册会计师提出的问题，组织单位内部相关负责人员进行讨论，分析问题的性质和产生的原因，考虑是否存在重大的内部控制缺陷，并根据分析结果提出整改措施。必要时，公共部门管理层也会与注册会计师进行沟通，或者委托会计师事务所为单位内部控制和财务管理体系建设提供咨询服务。作为审计报告的重要补充，公共部门管理层对于管理建议书的重视程度较高。本报告对浙江省卫生系统的部分公立医院调查表明，注册会计师对被审计单位提出了许多切实可行的管理建议，例如改进和完善库存物资、固定资产和对外投资管理等措施。被审计公立医院管理层认为通过运用管理建议书，对健全医院的内部控制制度、改进会计核算工作以及提高财务管理水平等方面均起到了积极的促进作用。

第三节　建立与完善我国公共部门财务报告审计结果的公开运用机制

信息披露是公共部门各项日常行为公开透明的重要配套机制，只有借助充分的信息披露，社会公众才能更好地了解和监督政府等公共部门的受托经济责任履行情况，才能促使政府实现阳光治理。在现代市场体系中，要充分发挥注册会计师审计的作用，必须以公开信息披露制度作为保障，使审计意见的相关信息比较顺畅地传递给信息使用者，从而使审计结果所体现的价值能通过市场价格机制、反馈机制等得以实现。例如，对外公开高校财务报告审计报告，可以依靠社会监督力量在一定程度上促进高校依法治校、提升管理水平、提高教育工作透明度、加强党风廉政建设。对外公开公立医院财务报告审计报告，可以让社会公众了解该医院收入、成本的主要构成，在一定程度上监督医院的医疗行为，如是否存在过度医疗、药品价格虚高等行为，促进医院更好地发挥公益功能。

《权责发生制政府综合财务报告制度改革方案》（国发〔2014〕63 号，以下简称《改革方案》）明确指出，建立健全政府财务报告审计和公开机制是政府会计改革的主要任务之一。政府财务报告编制后，要按规定接受审计，审计后的政府财务报告与审计报告依法报本级人民代表大会常务委员会备案，并按规定向社会公开，以保证财务信息的真实可靠与公开透明。要充分发挥公共部门注册会计师审计的作用，有必要扩展审计结果运用主体的范围，丰富审计结果的运用方式，深化和加强对审计结果的运用。下文以政府财务报告为例，着重探讨我国政府财务报告审计结果公开运用的运用主体、运用效果、公开运用中可能出现的问题以及对策建议四个部分。

一、运用主体

由于政府财务报告的审计结果向社会公开，从理论上讲，凡是想获取政府财务报告审计结果的使用者都是审计报告的运用主体，运用主体可根据其自身的具体需求与目标进行运用。根据《政府会计准则——基本准则》第五条的规定，政府财务报告使用者包括各级人民代表大会常务委员会、各级政府及其有关部门、政府会计主体自身和社会公众等其他利益相关者。

（一）各级人民代表大会常务委员会

根据《改革方案》的要求，经审计后的政府财务报告与审计报告，需要报本级人民代表大会常务委员会备案，并按规定向社会公开。这涉及由谁报送、何时报送等问题。根据新《预算法》第七十七条的规定，国务院财政部门编制中央决算草案，经国务院审计部门审计后，报国务院审定，由国务院提请全国人民代表大会常务委员会审查和批准。县级以上地方各级政府财政部门编制本级决算草案，经本级政府审计部门审计后，报本级政府审定，由本级政府提请本级人民代表大会常务委员会审查和批准。《预算法》第七十八条指出，国务院财政部门应当在全国人民代表大会常务委员会举行会议审查和批准中央决算草案的30日前，将上一年度中央决算草案提交全国人民代表大会财政经济委员会进行初步审查。借鉴政府决算报告审计的上述规定，本报告建议，政府财政部门编制政府综合财务报告，经注册会计师审计后，报各级政府审定，由各级政府将经审计的政府财务报告和审计报告及时报送本级人民代表大会常务委员会备案，并按规定向社会公开。

（二）各级政府及其有关部门

各级政府及其有关部门是政府财务报告的主要使用者，他们可以通过多种途径获取审计报告，在满足特定条件时可直接要求获取对应级别的政府财务报告审计报告纸质版本，也可以通过指定披露网站查阅各级政府财务报告。一套完整的政府综合财务报告包括一套通用目的财务报表及附注和政府财政经济状况与政府财政财务管理情况分析报告。通过阅读政府综合财务报告，政府及其有关部门可以了解政府的基本财务状况、运行情况及现金流量信息，以及政府财政财务运行情况与财政财务管理水平等信息。

（三）政府会计主体自身

我国共有五级政府，每级政府都需要编制各自的政府综合财务报告，而且是通过逐级汇总编制而成。根据《政府会计准则——基本准则》的规定，政府财务报告包括政府综合财务报告和部门财务报告两类，前者由政府财政部门编制，后者由部门和单位编制，两者均涉及合并财务报表的编制问题。根据现行权责发生制政府综合财务报告试编过程中了解到的情况，政府综合财务报告的编制需要先合并编制政府本级财务报告、各部门财务报告，再合并编制下一级政府综合财务报告，然后编制出本级政府综合财务报告。下一级政府综合财务报告与本级部门财务报告是编制本级政府综合财务报告的基础与依据。为了准确编制上一级政府综合财务报告，提高政府综合财务报告的可信度，下一级政府综合财务报告与本级部门财务报告必须经过审计后才可以用于编制本级政府综合财务报告。

（四）社会公众

大部分社会公众是潜在的审计结果运用主体，尽管社会公众较难直接主导资源的配置决策，但是社会公众通过媒体舆论或反馈渠道能间接监督公共部门的日常行为。在政府财务报告审计结果未对社会公开之前，社会公众无法获取审计结果信息。政府综合财务报告在向社会公开之后，社会公众可以通过公开渠道查阅政府财务报告，并根据需要下载电子版本进行分析使用，还可形成相应的反馈意见供政府部门决策参考。

二、运用效果

（一）有效配置公共资源

构建公共部门注册会计师审计制度有利于提升国家现代化治理能力，而国家治理主要涉及公共权力运行、公共资源分配和利用的监督和控制。国家治理的核心是监控公共权力的阳光运行，促进公共资源合理有效配置，妥善处理或均衡各种利益集团的利益诉求。按权责发生制编制的政府综合财务报告不仅全面反映了政府资产与负债的基本情况和收入与费用的运行情况，还包括了政府财政经济状况与政府财政财务管理情况的分析报告。财政经济状况分析报告基于政府当前资产负债的运营情况，结合国民经济形势、经济社会发展规划、财政体制、财税政策、人口结构、行政事业单位离退休政策、社会保障政策等，分析政府财政财务运行走势，预测财政中长期发展的可持续性。通过有效运用政府综合财务报告反映的信息，各级政府财政部门可以了解现有公共资源的运用现状，调整不合理的资源配置格局，提高资源的利用效率与效果，实现有效配置公共资源的目标。例如，政府财务报告审计结果对社会公开后，政府可以对社会关切的问题，如看病难、看病贵、公立医院公益性不强、以药养医，高等学校办学特色不突出、与社会需求脱节、学费偏高等问题，进行规范整改、完善制度，使公共资源配置更加合理、使用效率进一步提高，以满足人民群众日益增长的医疗和教育需求。

（二）客观评价受托责任

政府综合财务报告中披露的政府财政财务管理情况反映了政府预算编制、预算执行、财政监督和决算编制管理等方面的政策要求、主要措施和取得的成效。注册会计师通过实施相应的审计程序，可以在一定程度上防止因委托代理问题而导致的权力滥用和利益矛盾，并就发现的问题提出改进建议。报告运用主体通过阅读政府综合财务报告并辅之以决算报告，可以全面了解公共部门预算编制是否合理、预算执行是否到位等情况，并结合公共部门的特点，重点关注政府资产结构状况、债务风险以及收支情况等。注册会计师对政府综合财务报告的审计结果，可以作为考核政府绩效的重要指标和分析政府财务状况以及评价政府受托责任履行情况的客观依据。

（三）加强政府预算管理

注册会计师在审计政府财务报告的过程中，针对审计发现的问题与评价结果，有针对性地提出相关建议，并将审计报告报送给预算编制部门，作为下年度预算编制与安排的重要依据。预算部门根据政府财务报告审计结果的建议进行下年度的财政资金预算安排，可以提高预算编制的科学性，从而提高财政资金的使用效率。预算主管部门通过督促落实本部门被审计单位做好审计整改工作，对被审计单位的审计结果进行汇总分析，可以进一步规范本部门预算管理和财务会计管理工作。被审计单位通过具体落实整改意见，使各项行为符合规范运作，从而整体上提高运营管理水平。财政部门通过对审计结果的汇总分析，可以进一步完善财政政策、预算管理和财务会计管理工作。

（四）完善地方政府信用评级

地方政府综合财务报告运用主体根据财务报告所反映的财务状况、运行情况和现金流量等信息，可以完善地方政府信用评级体系。地方政府信用评级机构可以在现有的地区经济实力、财政实力、地方治理水平等指标基础上，将地方政府的资产负债率纳入评价体系，并将其作为重要的评价指标。一方面，地方政府综合财务报告可以更加全面完整地反映地方政府债务信息，把代表政府发行的地方政府债券、其他政府债务以及或有债务充分披露出来；另一方面，相关运用主体可以通过运用审计结果，根据地方政府的总资产和债务规模，结合中国资源市场和资本市场的实际情况，对未来收入、支出及现金流入等作出更为准确的预测。通过完善地方政府信用评级制度，对于控制地方政府债务风险、加强地方政府债务融资的透明度与规范性和有序推进地方政府的发债进程具有重要作用。

（五）提高审计监督效果

国家审计和内部审计可以充分利用注册会计师的审计结果，提高审计监督效能。审计机关在确定工作重点时，首先可以分析注册会计师出具审计报告的意见类型，对于非标准意见审计报告涉及的事项再细化分析是否与其工作目标相关，同时，对于后附财务报表附注中披露的重要事项进行逐项分析，可以为国家审计工作的开展提供线索。通过上述工作，审计机关可以尽快筛选出需要重点审计的单位及工作方向，通过审计结果共享避免有关公共部门被重复审计，提高国家审计的效率与效能。对于内部审计机构，可以通过协助注册会计师工作，以及充分沟通管理建议书等审计结果的相关内容，了解注册会计师对本单位内部控制设计和执行情况的评价结果以及对财务报告等审计对象是否符合相应编制基础的审计结论，从而更加客观、全面地分析本单位内部管理的薄弱之处，发挥更深入的监督和服务作用。此外，注册会计师还可以根据法律法规和委托方要求，就审计过程中发现的重大违规违纪问题进行报告，必要时保留重要的审计证据，以配合纪检、监察部门的相关工作。主管部门通过运用审计结果，揭示和分析被审计单位违规违纪行为背后的深层次原因，及时发现普遍性和根本性的问题，查找制度上和管理上的漏洞，并提出解决办法和建议，促使各级政府部门从根本上防范违纪违规问题的发生，建立健全惩治和预防腐败体系。

三、公开运用可能存在的问题

（一）部分政府部门尚未做好向社会公开审计结果的思想准备

虽然《预算法》与《改革方案》均明确政府财务报告与决算报告审计结果应向社会公开，而且《政府会计准则——基本准则》也已经发布并明确政府财务报告与决算报告的使用者包括社会公众，但据本报告调查了解的情况，部分政府部门对于审计结果向社会公开还存在诸多顾虑。首先，政府会计改革是一个渐进的过程，与《政府会计准则——基本准则》相配套的具体准则及应用指南还在制定过程中，部分政府部门缺乏按照权责发生制编制政府财务报告的经验，担心审计结果公开的时机尚不成熟。其次，一些政府部门不愿意将自身的问题和“隐私”暴露在社会公众之下，将审计结果向社会公开无疑会加大其压力，担心公开审计结果对政府部门造成负面影响，社会公众可能对审计结果的公开进行阻挠和干涉。最后，部分业务主管部门也未完全做好部门信息公开的准备，与财政部门的主导思想还存在不一致的情况，离财政体制改革的目标还存在一定差距。

（二）部分运用主体尚缺乏专业解读政府财务报告的能力

相对于现行按收付实现制编制的政府财务报表，按权责发生制编制的政府财务报告无论在报表编制的理念、原则，还是在财务报告的内容方面都要复杂许多，即便是公共部门的财务人员也还未完全理解与掌握政府财务报告的编制工作。另一方面，注册会计师通过实施相应的审计程序，对政府财务报告出具的审计报告包括了许多审计专业术语，运用主体对部分术语的充分理解也尚需时日。运用主体要充分运用政府财务报告的审计结果，势必要求其具备理解审计结果所需的专业知识与能力。此外，一份完整的政府综合财务报告包括了财务报表、附注、政府财政经济状况、政府财政财务管理情况等内容，通常篇幅很长，大部分运用主体在面对大量复杂的信息和数据时往往手足无措，难以抓住政府财务报告的关键信息。特别是对社会公众而言，部分民众还缺乏相关的专业知识，如果社会公众误读审计结果，可能导致与审计初衷相背离的后果。例如，对医院财务报表审计结果公开，在目前医疗体制还未完成深层次的改革之前，在医患矛盾普遍存在的环境下，若社会公众片面地阅读理解医院财务报表，也可能进一步激化医患矛盾，不利于社会稳定。

（三）运用主体的意见反馈渠道尚待建立

为了提升政府财务报告审计结果的运用效果，政府部门应建立畅通的反馈渠道。一方面，被审计单位对审计发现的问题需要及时整改，有关政府部门需要跟踪问题的解决进程，被审计单位需要向政府有关部门及时汇报问题解决的情况；另一方面，审计结果向社会公开后，社会公众可以自主地查阅与分析运用政府财务报告，社会公众应用审计结果后会形成相应的意见，这些意见需要有一个正常的渠道反馈给政府有关部门。反馈不仅仅指社会公众对审计结果提出的咨询、诉求、意见和建议，也包括社会公众监督公共部门是否及时和有效地对问题进行整改。因此，建立畅通的反馈渠道，使得公共部门和社会公众可以及时、直接地交流沟通，是审计结果公开运用取得效果的重要保障措施，是促进审计整改的强劲动力。如果不建立畅通的反馈意见通道，就无法形成有效的双向沟通机制，审计结果公开可能将流于形式。

（四）审计结果运用的参考标准体系尚待完善

由于公共部门种类多、范围广，各类公共部门都具有其行业特性，即便是同一行业，例如高校，综合类院校与专业类院校承担的职责不同，对高校的评价指标体系也应有所不同。如果没有建立针对各行业、各部门的评价标准指标体系，使社会公众在运用审计结果时没有科学合理的参照物进行对比，就容易导致其误读财务报告，审计结果所公布的数据就不能提供真正有价值的信息，而且可能误导社会公众对审计结果的解读。因此，审计结果要对外公开，应首先制定一套科学的行业指标评价体系，并作为公开资料供报告运用主体查阅使用。

四、具体建议与对策

（一）宣传培训与立法强制推行双管齐下，推动审计结果向社会公开

针对目前部分政府部门还不愿对社会公开政府财务报告审计结果的现状，建议国家采取两手抓的策略。一方面，应加大宣传与培训的力度，推动政府部门管理层主动转变观念，意识到政府行为公开透明化是实现阳光治理、提高现代化治理能力的潮流所向。而且审计结果公开的目的并非仅仅是将被审计单位的问题公开，而是向社会公众提供了解政府财务状况与运行情况的渠道，让社会公众能够客观评价公共部门管理层的受托责任，并且通过社会监督力量使得被审计单位对于相关问题的整改达到事半功倍的效果。另一方面，随着政府财务报告审计结果向社会公开的条件成熟，政府应通过立法等手段强制推行审计结果向社会公开，不能由于存在阻力与困难就轻言放弃，否则难以真正实现注册会计师审计结果的运用目标。

（二）简化运用与专业培训共同实施，提高运用主体正确解读审计结果的专业能力

如果运用主体不能正确解读审计结果，不仅不能实现审计结果的运用目标，可能还会误导决策或加剧社会矛盾。但要提高运用主体正确解读审计结果的能力，需要审计结果供给者与使用者双方的共同努力。一方面，注册会计师可以改进审计报告的内容与结构，把注册会计师在审计过程中认为最关键的审计事项披露出来，或者附加提供审计报告使用说明书，为审计报告运用主体方便快捷、高效正确地阅读政府财务报告起到导航作用。另一方面，审计报告使用者自身也必须提高专业素养，主动接受相关的专业知识培训。有关新闻媒体也可以开辟财经专栏，向社会公众普及运用政府财务报告审计结果的基本概念，逐步提高社会公众对公共部门注册会计师审计的认知程度，以形成良好的运用政府财务报告的社会氛围。

（三）利用信息技术搭建网络平台，建立运用主体之间的沟通反馈渠道

随着互联网技术的普及，信息通过网络传播已成为主要的沟通方式。网络

传播与传统媒体传播方式相比，最重要的特征是它的交互性。互联网改变了“受众”的概念，每个使用因特网的人，都不仅是一个信息的接收者，也可能是一个信息的加工者、发布者与交流者。因此，政府财务报告审计结果运用主体之间需要建立一个沟通反馈的网络平台，供运用主体之间随时交流反馈。一方面，如果注册会计师发表了非标准无保留意见的审计报告，应要求相关政府部门应在限定时间内回复问题产生的原因、是否存在无法解决的问题以及可能的整改方案，业务主管部门或财政部门应对问题的后续整改情况持续跟进和监督。另一方面，社会公众及其他运用主体可通过平台随时提交其反馈意见，网络平台应专门设置网管，对于社会公众提交的意见进行分类处理。

（四）制定与完善科学的行业指标评价体系，提高审计结果运用的有效性

有效的决策往往离不开比较，通过众多方案的对比分析，才能作出最优决策。政府财务报告的编制过程本身就遵从了可比性原则，同时兼顾纵向可比与横向可比。同理，运用主体在运用审计结果进行决策时也需要有一个参照物，没有对照就谈不上资源配置的优劣。基于我国公共部门种类多、各个部门之间的运行职能与目标差异较大，建议有关政府部门分类制定与完善各个行业系统的指标评价体系，并与审计结果一起公开，或者放在社会公众可随时获取的网站上，供其在运用审计结果时参考，促进审计结果的有效运用。

（五）分步实施，有序推进审计结果对外公开

政府财务报告审计结果向社会公开是推行公共部门注册会计师审计制度的主要目标，也是公共部门注册会计师审计制度发挥实效的重要检验。但如前所述，审计结果向社会公开还需要配套的时机条件与实施环境，若在条件不成熟的情形下仓促推行可能带来一些负面影响。对于一项全新制度，可以结合公共部门的性质以及所在地区的具体条件采取分步实施、有序推进审计结果对外公开的策略。建议选择部分条件较为成熟的省市先行试点，待总结经验后再有序铺开。当然，并不是所有的审计结果均需要向社会公开，对于可能涉及国家机密或其他不宜公开的审计结果，可以依法豁免公开，或在可控范围内有限公开。

第八章 我国公共部门注册会计师审计准则建设研究

公共部门注册会计师审计制度建设是一项系统工程，既需要宏观层面的法律法规保障，又需要具体操作层面的技术标准支撑。从广义上讲，公共部门注册会计师审计相关技术标准包括公共部门会计准则和注册会计师审计准则（包括注册会计师执业准则和职业道德守则等，以下统称审计准则）。本报告主要侧重对公共部门注册会计师审计相关审计准则的研究。

第一节 我国注册会计师审计准则建设的现状

我国现行的注册会计师审计准则主要包括注册会计师执业准则、职业道德守则以及其他特殊事项或特定行业的审计准则。这些准则目前适用于公共部门和私营部门的注册会计师审计活动。

一、注册会计师执业准则

我国现行的注册会计师执业准则由 45 项审计准则、1 项审阅准则、2 项鉴证业务准则和 1 项会计师事务所质量控制准则组成。上述准则已经与国际审计准则实现了全面趋同（其中 37 项审计准则和会计师事务所质量控制准则曾于 2010 年作出修订），适用于注册会计师为各类企事业单位提供的财务报表审计业务和其他业务，并不特别区分公共部门和私营部门。表 8 - 1 概括了各类执业准则适用的业务类型及其主要特征。

表 8 - 1　　注册会计师执业准则体系构成及特点

执业准则类别	适用的业务类型及主要特征
审计准则	适用于审计业务，对财务报表或财务信息是否按照适用的财务报告编制基础编制（并实现公允反映）发表意见，提供合理保证
审阅准则	适用于审阅业务，对财务报表或财务信息是否按照适用的财务报告编制基础编制（并实现公允反映）发表结论，提供有限保证。其主要程序是询问和分析
其他鉴证业务准则	适用于历史财务信息审计和审阅以外的其他鉴证业务，对鉴证对象发表结论以提供合理保证或有限保证。鉴证对象可以是财务信息或非财务信息
其他服务准则	适用于对财务信息或非财务信息执行与特定主体商定的程序并报告执行程序的结果，商定程序不提供保证
会计师事务所质量控制准则	适用于提供审计、审阅、其他鉴证和其他服务业务的会计师事务所的质量控制，涵盖业务质量领导责任、相关职业道德要求、客户关系和具体业务的接受与保持、人力资源、业务执行及监控等各个方面

上述准则均有配套的应用指南，其中一部分审计准则和会计师事务所质量控制准则还有具体的问题解答。目前，我国注册会计师审计准则应用指南中已经包含了一些“对公共部门实体的特殊考虑”的内容，提示了注册会计师关注公共部门审计业务中可能存在的特殊情况，但是这些内容相对原则化，对注册会计师执行公共部门审计业务尚缺乏具体可操作的指导。

二、注册会计师职业道德守则

我国现行的注册会计师职业道德守则包括《中国注册会计师职业道德守则》和《中国注册会计师协会非执业会员职业道德守则》。上述职业道德守则于 2009 年发布，自 2010 年 7 月 1 日起施行，与国际会计师联合会下设的职业道德准则理事会制定的国际会计师职业道德守则实现了趋同。注册会计师职业道德守则的核心内容包括以下几个方面：

（一）职业道德基本原则

职业道德基本原则包括：诚信、独立性、客观和公正、专业胜任能力和应有的关注、保密以及良好职业行为。

（二）职业道德概念框架

职业道德概念框架是指解决职业道德问题的思路和方法，用以指导注册会计师识别对职业道德基本原则的不利影响、评价不利影响的严重程度以及必要时采取防范措施消除不利影响或将其降低至可接受的水平。可能对职业道德基本原则产生不利影响的因素包括自身利益、自我评价、过度推介、密切关系和外在压力。职业道德守则解释了每一因素的具体情形以及应对不利影响的措施，同时就注册会计师如何解决道德冲突问题作出规定并提供指南。

（三）提供专业服务的具体要求

职业道德守则对有关专业服务委托、利益冲突、应客户要求提供第二次意见、收费、专业服务营销、礼品和款待、保管客户资产、对客观和公正的要求等方面作出了具体规定和指导。

（四）审计和审阅业务对独立性的要求

职业道德守则对注册会计师的独立性、专业胜任能力以及保密义务等方面作出了规定，并对注册会计师运用独立性概念框架，解决执行审计和审阅业务时遇到的独立性问题提供指导。

我国现行的注册会计师职业道德守则同样普遍适用于注册会计师为各类行业提供的各类服务，并未对公共部门和私营部门审计作出差异化规定。

三、其他特殊事项或特定行业的审计准则

除上述普遍适用并实现国际趋同的注册会计师执业准则和职业道德守则外，针对一些特殊事项或特定行业，为了适应国情特点和便于实务操作，我国近年来也陆续出台了一些具体的审计指引，比如《外汇收支情况表审核指导意见》（2005 年）、《企业内部控制审计指引实施意见》（2010 年和 2012 年）、《医院财务报表审计指引》（2011 年）、《基金会财务报表审计指引》（2012 年）、《会计师事务所从事基本建设工程预算、结算、决算审核暂行办法》（2012 年）等。这些审计指引是对注册会计师执业准则和职业道德守则的细化解释和具体应用，

构成了我国现行注册会计师审计准则体系的有机组成部分。

需要说明的是，审计署于2010年公布了修订后的《国家审计准则》，该准则用于规范和指导国家（及地方政府，下同）审计机关及其审计人员执行政府审计业务的行为，不属于本报告所研究的注册会计师审计准则建设的范畴。但是，注册会计师在接受审计机关委托参与政府审计工作时，一般应遵循《国家审计准则》及相关指引的要求。

第二节 我国公共部门注册会计师审计准则建设的特殊考虑

与国际审计准则类似，我国现行注册会计师审计准则体系普遍适用于各类财务报表审计。由于此前公共部门注册会计师审计尚未广为实践，审计准则中对公共部门审计的特殊考虑并不具体。根据公共部门审计业务特点，一般可将公共部门注册会计师审计业务划分为以下三类：一是公共部门财务报告审计，即注册会计师接受公共部门委托对按照公共部门财务报告编制基础编制的财务报告执行审计并独立发表审计意见。二是公共部门特定事项审计，即财政、审计等监管部门和业务主管部门通过购买注册会计师审计服务的方式，委托注册会计师对公共部门预算执行情况、决算、预算绩效、有关领导干部经济责任等事项进行审计并向委托部门汇报审计结果。三是其他审计、审阅、鉴证业务或相关服务。下文将区分以上三类业务，对公共部门注册会计师审计准则建设中需要特殊考虑的问题进行分析。

一、公共部门财务报告审计——以政府财务报告审计为例

根据《政府会计准则——基本准则》，政府财务报告包括政府综合财务报告和政府部门财务报告，其中：政府综合财务报告是指由政府财政部门编制的，反映各级政府整体财务状况、运行情况和财政中长期可持续性的报告；政府部门财务报告是指政府各部门、各单位按规定编制的财务报告。政府财务报告的编制主要以权责发生制为基础，以财务会计核算生成的数据为准，包括但不限

于资产负债表、收入费用表、现金流量表以及财务报表附注。国务院批转财政部《权责发生制政府综合财务报告制度改革方案》中要求，我国应于2020年之前建立健全政府财务报告审计和公开机制。

我国目前没有专门针对政府财务报告审计的审计准则。由于政府部门与一般企业的性质、目标、业务类型和运营模式存在较大差异，必然导致政府财务报告审计的审计目标、审计方法、审计流程和审计证据评价等与一般商业企业有所不同。我国现行注册会计师执业准则仅在审计准则应用指南中包含少量的“对公共部门实体的特殊考虑”，其内容较为笼统，为了解决我国政府财务报告审计中可能遇到的各类特殊问题，需要对此加以补充完善。表8－2总结了政府财务报告审计需要考虑的特殊问题及其对相关审计准则建设的要求。

表8－2　　政府财务报告审计的特殊性及其对审计准则建设的要求

内容	要求
审计计划阶段的特殊考虑	
重要性水平的确定与运用	重要性以财务报告使用者的需求为出发点，反映财务报告使用者对错报的容忍程度。政府财务报告使用者包括各级人民代表大会常务委员会、各级政府及其有关部门、债权人、政府会计主体自身和其他利益相关者。可以预见，上述使用者对政府财务报告错报的接受程度较低，尤其对于违法违规行为导致的错报容忍度更低。因此，需要在政府财务报告审计准则/指引中详细规定政府财务报告审计中的重要性水平及其运用
评估及应对重大错报风险	政府部门承担社会公共责任，接受社会公众的严格监督。政府部门的管理层及治理层往往受到来自公众期望、政绩表现以及预算约束等方面的压力。这些都会给政府财务报告审计带来风险。注册会计师在政府财务报告审计中应该额外考虑管理层滥用职权及财政资金使用管理等方面的风险。 在政府财务报告审计中，受托责任通常建立在注册会计师与被审计单位的治理层之间，但真正对被审计的财务报告负责的却是被审计单位的管理层，由此构成了委托代理关系中的三类不同个体。此外，由于审计费用来源于财政资金，这可能会为政府财务报告审计业务引入诸如国家财政部门等更多的利益相关者。这些利益相关者对注册会计师存在不同的期望，也会直接或间接影响到审计风险评估。 此外，根据政府会计准则的具体要求以及各级政府部门的自身状况，针对不同的政府部门可能存在不同类型的审计风险，这些需要注册会计师针对特定审计项目进行具体分析。因此，政府财务报告审计准则/指引需要对风险评估提供更为详尽的指导

续表

内容	要求
	审计计划阶段的特殊考虑
对治理层及管理层的识别	治理层是指对被审计单位战略方向以及管理层履行经营管理责任负有监督责任的人员或组织。管理层是指对被审计单位运营活动的执行负有管理责任的人员。治理层及管理层对政府财务报告的编制及其真实性和完整性负责。 注册会计师在审计过程中需要与治理层及管理层进行及时有效的沟通，并取得管理层声明书。 政府部门的治理责任可能不会集中于个别人员或组织，根据政府部门内部需要，其治理责任可能分散于不同的职能单位，有时难以识别。 政府财务报告审计准则/指引需要明确治理层和管理层对政府财务报告的责任，就如何识别治理层和管理层提供详细的指导，并根据不同类型的政府部门提供具体说明
	审计执行阶段的特殊考虑
关联方交易	企业对于关联方的确认通常都是从出资人的角度，判断是否存在控制、重大影响或者共同控制关系。企业审计中对关联方及关联方交易的审计也大多从出资人角度进行审核，例如检查董事会审批的对外投资文件或对公司出资情况进行调查。 然而政府部门均由国家出资成立并纳入财政预算保障范围，这样很难从出资人的角度准确判断关联方，并对关联交易进行审计。 不同性质的政府部门对于关联方确认的条件可能会有所不同，政府财务报告审计准则/指引需要按照不同政府部门的性质，对关联方识别、关联交易确认提供详细指导
共享服务费用的分摊	政府部门内部机构设置中可能存在大量的共享服务中心，为不同的政府部门提供统一高效的服务。如果这种共享服务涉及大量部门/单位，相关共享服务中心费用的分摊将会十分复杂。注册会计师也需要设计复杂的审计程序对这些费用分摊进行审计。政府财务报告审计准则/指引需要在这一方面提供额外的指导
对于提供政府补助的特殊考虑	有些政府部门的功能决定了这些部门会对外提供大量的政府补助。对于这些政府部门的审计就涉及取得额外信息来审核被补助单位是否符合政府补助的相关要求，这可能会涉及第三方信息的提供。政府财务报告审计准则/指引中应该对这种审计需求提供相应的指导
对额外披露信息的审核	根据《政府会计准则——基本准则》的要求，政府综合财务报告除包括反映各级政府整体财务状况、运行情况的财务报告以外，还应该包括财政中长期可持续性的报告。此外，政府部门按照相关监管要求，可能需要在财务报告中披露财务报表信息以外的其他财务或非财务信息。这些财政中长期可持续性的报告以及其他披露信息都需要纳入政府财务报告审计范围。政府财务报告审计准则/指引需要对这些额外信息的审计提供指导

续表

内容	要求
	审计执行阶段的特殊考虑
比较期间财务信息，尤其是期初余额审计	注册会计师在首次接受委托及更换注册会计师的情况下会面临比较期间财务信息的问题，尤其是期初余额审计问题。待政府财务报告审计实施后，提供政府财务报告审计服务的注册会计师将面临大量的期初余额审计问题。 此外，政府部门根据形势变化和政策需要，可能会面临一些机构功能调整及重组。在调整及重组中，当某项政府职能从一个部门转移到另一个部门时，如果这两个部门不是由同一家会计师事务所执行的审计工作，那么被转入职能的部门的注册会计师就可能面临对这个新增政府职能的期初余额审计问题。 我国现有注册会计师审计准则指南中包含的对公共部门的特殊考虑仅限于以下两种特殊情况： （1）当法律法规可能对公共部门实体作出限制性规定，使现任注册会计师不能从前任注册会计师获取信息的情况发生时； （2）当接受法定委托的注册会计师将某公共部门实体的审计外包给另一家会计师事务所的情况发生时。 现有指南中针对公共部门的特殊考虑包含的情况较为少见，不具有代表性，而且对于政府财务报告审计中可能面临的大量期初余额审计问题难以提供详细指引。从审计效率角度出发，在政府财务报告审计准则/指引中需要对期初余额审计提供更为详尽的指引。当存在更换注册会计师的情形时，可以考虑要求前任注册会计师就期初余额审计给予配合，例如规定前任注册会计师向后任注册会计师提供相关审计工作底稿供其查阅等
持续运行	《政府会计准则——基本准则》第七条规定政府会计核算应当以政府会计主体持续运行为前提。政府部门可能存在负债大于资产或者收入低于支出的情形，但这些未必带来持续运行的问题。政府部门持续运行问题可能更多的是由于政策导向等因素造成的。政府财务报告审计准则/指引中需要就是否及如何在政府财务报告审计中考虑持续运行问题提供解释说明
合并报表审计	《中国注册会计师审计准则第 1401 号——对集团财务报表审计的特殊考虑》规定了对集团财务报表审计特殊考虑的有关内容。政府综合财务报告需要囊括下属各部门及单位。由于其规模庞大，单个会计师事务所很难对构成整个政府综合财务报告的各个重要组成部分进行全面审计，更为可行的做法是由多家会计师事务所对政府综合财务报告的各个组成部分进行审计，最终由政府整体项目组利用各家会计师事务所的审计证据作为其开展综合财务报告审计的审计证据。这种涉及多家会计师事务所的集团审计安排在政府财务报告审计实践中可能比一般企业财务报告审计实践更为广泛、更加复杂。因此，在政府财务报告审计准则/指引中需要对集团审计的特殊考虑提供更为详细的指引，例如，就集团审计中可能遇到的复杂情况提供操作层面的指引，为集团项目组与其他各家会计师事务所的沟通提供具体实务指引及沟通模板等

续表

内容	要求
审计完成阶段的特殊考虑	
审计报告	1. 审计报告主体内容 政府部门财务报表审计报告的内容与私营部门相比可能存在很大不同，主要表现为： (1) 管理层及治理层的责任——如前文所述，政府部门管理层及治理层的识别存在一定难度，需要考虑如何在审计报告中准确描述管理层及治理层并明确其责任； (2) 政府财务报告审计意见——财务报表编制基础分为公允列报编制基础和遵循性编制基础，编制基础影响注册会计师发表的审计意见，这需要在政府财务报告审计准则中加以明确。 2. 短式报告和长式报告 目前国际上通用的审计报告分为短式报告和长式报告两种形式。短式报告在格式和内容上都具有高度标准化的特征，主要包括审计报告对象、被审计财务信息、管理层责任以及审计意见。长式报告在短式报告的基础上，增加了"关键审计事项"等内容。国际上普遍认为长式报告能够提高审计报告的信息质量及透明度，增强报告使用者对被审计财务报告的信心。 目前我国注册会计师根据审计准则出具的审计报告属于短式报告。在国际上，国际审计准则要求对"上市实体"审计出具包含关键审计事项在内的长式报告，一些国家将"长式报告"要求扩展至"公众利益实体"。随着中国审计准则与国际审计准则的持续全面趋同，未来中国将要求注册会计师对上市实体审计项目出具长式报告。 政府部门属于公众利益实体，是否要求注册会计师出具包含关键审计事项的长式审计报告，这需要综合考虑财务报表使用者的信息需求，并在政府财务报告审计准则中作出明确规定。 3. 其他报告事项 注册会计师除了具有对财务报表出具审计意见的责任外，与被审计单位有关的法律法规也可能给注册会计师设定了其他报告责任。注册会计师针对其他报告责任发表的意见可能包含在财务审计报告中，也可能需要单独出具报告。政府财务报告审计准则/指引应对上述问题作出明确规定。 此外，公共部门审计准则/指引中还应该对不同类型的政府部门的审计报告提供报告模板
与相关监管机构的沟通要求	在政府财务报告审计中，注册会计师可能会发现被审计单位存在舞弊或违法违规的情形。政府财务报告审计准则应该就如何有效地与相关监管机构沟通、汇报此类情形提供指引

此外，政府部门的性质决定了审计资料中可能包含大量涉密信息。政府财务报告审计准则/指引必须就保密要求提供详细的规范和指导，确保注册会计师采取严格的保密措施，满足各类机密信息的保密要求。同时，可以在注册会计师职业道德守则中增加相关条文，要求注册会计师在政府部门审计中严格遵循我国保密法的规定，履行保密义务，谨慎记录、使用和存储涉密信息。

二、公共部门预算执行审计、决算审计、经济责任审计等其他特定事项审计

根据监管部门和业务主管部门的要求，注册会计师可以接受委托，对公共部门的预算执行情况和决算进行审计，对公共部门主要负责人进行经济责任审计，或者提供与财政收支相关的其他专项审计服务，并向委托部门汇报。上述审计事项本质上更多地属于政府审计的范畴，应当遵循政府审计的有关规定，注册会计师的角色是为政府审计提供“协助”。比如，审计署可以委托注册会计师对公共部门的高管实施离任审计，并向审计署汇报审计结果。在这种政府购买服务的委托形式下，注册会计师按照委托方的要求对被审计单位执行特定审计工作，具体审计目标及审计规则由委托方根据不同项目分别确定，对审计过程中发现的问题或存在的困难应与委托方沟通解决。因此，这类情形下通常无须制定专门的注册会计师审计准则或指引。

三、公共部门其他审计、审阅、鉴证业务或相关服务

此类审计业务的种类和形式多样，本报告仅以国际上较为常见的公共部门内部控制审计为例加以分析和说明。我国财政部于 2012 年发布了《行政事业单位内部控制规范（试行）》，该规范与财政部发布的《企业内部控制基本规范》有诸多不同之处，因此，对公共部门内部控制评价和审计也需要给予额外的考虑。表 8－3 总结了在公共部门内部控制评价和审计中需要考虑的特殊问题及其对相关准则/指引建设的要求。

表 8-3　公共部门内部控制审计的特殊性及其对相关准则建设的要求

内容	要求
控制目标	公共部门内部控制目标应当增加防止腐败及滥用职权，公共部门需设计相应的控制程序以满足上述控制目标。公共部门内部控制评价或审计指引中也应该包含对这些控制程序的评价/审核
风险评估	公共部门在评估风险时应额外关注以下方面： （1）财政预算相关风险； （2）政府补助相关风险； （3）滥用职权风险
评价控制缺陷	对重大缺陷的认定应重点考虑以下方面： （1）涉及行贿受贿等违法行为； （2）对公众利益带来负面影响； （3）对财务报表造成重大影响； （4）内部监督机制的严重缺失； （5）承担治理责任的人员舞弊

第三节　我国公共部门注册会计师审计准则建设的政策建议

公共部门注册会计师审计制度建设的重要任务之一是建立完善与之相配套的审计准则体系。当前及未来一个时期，我国公共部门审计准则建设的主要任务是建立健全政府财务报告审计准则和公共部门内部控制审计准则。本报告将对这些准则的制定方法进行分析，并结合国际经验提出符合我国国情的政策建议。

一、政府财务报告审计准则

政府财务报告审计准则的建设路径有二：一是建立与现行注册会计师执业准则完全独立的新的准则体系；二是在现行注册会计师执业准则中补充有关政府财务报告审计准则的内容。前者属于“另起炉灶”，后者属于“添砖加瓦”。经认真研究，本报告建议采用第二种方式，即不改变我国现行的注册会计师审计准则体系框架，但在该框架内增加政府财务报告审计准则，对于除政府财务报告审计准则以外的其他公共部门审计准则也可以在此框架内予以增补。本报告的建议主要基于以下三点考虑。

首先，国际上针对公共部门审计准则的制定大多采用对通用审计准则进行补充的方式。比如，美国的一般公认政府审计准则（GAGAS）中大量引用美国注册会计师协会（AICPA）制定的审计准则并在 AICPA 审计准则之上进行了一定的补充，以满足公共部门审计指引需求。英国针对公共部门审计在国际审计准则的基础之上发布了实务说明第 10 号（Practice Note 10），其中结合公共部门审计的特点和需要，对国际审计准则的主要条款进行了解释。

其次，可以避免与现行审计准则体系的重复，缩短准则制定时间及减少工作量。如前所述，公共部门财务报告审计与企业财务报表审计相比，尽管存在某些特殊性，但审计的基本原理和基本要求是相通的、一致的。我国现行注册会计师执业准则中包含的审计准则与国际审计准则全面趋同，该准则是针对财务报表审计制定的，并未区分公共部门和私营部门。如果针对政府财务报告审计制定一套新的完整的准则体系，势必会出现大量与现行审计准则体系重复的内容，从而降低准则制定的效率，延长准则制定时间，增加了不必要的工作量。

最后，可以突出公共部门的特殊性，有利于提高准则的针对性。注册会计师对现行审计准则体系较为熟悉，采用在现行审计准则体系中增补政府财务报告审计准则的方式，有利于注册会计师将关注重点集中在政府财务报告审计的特殊问题上，有利于提高政府财务报告审计准则的针对性及使用效果。

根据对政府财务报告审计准则特殊性的分析，建议政府财务报告审计准则中应重点包含对表 8－4 中所列方面的详细规定及指南。

第二部分

表 8－4　　关于政府财务报告审计准则重点内容的建议

内容	建议
对舞弊及违法违规的考虑	针对政府部门及其利益相关者对于舞弊及违法违规行为容忍度较低的情形，政府财务报告审计准则/指引应该就如何衡量舞弊及违法违规情形提供具体的评判标准及指南，尤其是这种舞弊或违法违规行为是否达到向监管机构或社会公众公开报告的程度，需要注册会计师运用大量的职业判断。提供详细的评判标准及实务指引将会更好地规范注册会计师的执业行为，减少判断误差，提高审计信息的实用性

续表

内容	建议
与治理层的沟通	针对政府部门中履行治理职责的机构或人员设置复杂、难以准确识别的现象，政府财务报告审计准则/指引应该就如何判断及识别被审计单位的治理层提供详细指导，包括根据不同类型政府部门的机构设置规律，提供治理层识别的一般方法等，确保注册会计师与承担治理职责的人员之间实现有效的双向沟通
评估和应对重大错报风险	针对政府部门的特点、政府会计准则的具体要求以及政府部门审计委托及收费安排的特殊性，政府财务报告审计准则/指引应该针对不同类型的政府部门提供相关风险识别与判断的方法及手段。对于舞弊、滥用职权方面的风险评估应该提供相应的指导，对于大量使用共享服务中心以及提供政府补助的机构，应该就其涉及的特殊审计风险提供评估和应对指引或操作指南
重要性	针对政府部门财务报告使用者对错报容忍度较低的现象，政府财务报告审计准则/指引应该就如何设定政府部门审计重要性水平的评判标准以及在确定重要性水平过程中应重点考虑的事项提供具体指引
关联方	政府财务报告审计准则/指引应该提供与政府会计准则相对应的关联方及关联方交易审计方法及实务操作指南
持续运行	根据政府会计准则对持续运行运用条件的具体要求，政府财务报告审计准则/指引应该就政府部门持续运行的判断提供说明，避免注册会计师将私营部门持续经营判断方法不恰当地运用到政府部门审计当中
首次审计业务涉及的期初余额	针对政府部门审计中可能面临的大量期初余额审计问题，政府财务报告审计准则/指引应该就期初余额审计要求以及在实务操作中如果取得满足要求的审计证据提供详细指引；对于如何实现前任注册会计师向后任注册会计师提供与期初余额审计相关的审计工作底稿以及如何实现双方就前任审计过程中可能存在的审计问题进行更为有效的沟通，避免重复审计，提高审计效率提供具体规定及指引；对于沟通中所需要的信函文档等提供相应模板
对集团财务报表审计的考虑	针对政府综合财务报告审计工作量大、单一会计师事务所难以完成全部审计工作的客观情况，政府财务报告审计准则/指引应该就政府综合财务报告审计中，如何有效实现与参与审计的会计师事务所的合作和沟通提供指引；对集团项目组如何利用其他会计师事务所取得审计证据、避免重复审计提供详细指引以及实务指南；对集团项目组与其他会计师事务所的必要沟通提供模板，例如集团审计指令模板、参审会计师事务所的报告模板等
审计报告	政府财务报告审计准则/指引应该对是否及何时采用长式报告以及对注册会计师根据相关法律法规出具除财务报告审计意见以外的其他报告事项应采取的报告方法提供规范性指导，对审计报告的主体内容提出具体要求并提供审计报告模板

第二部分

此外，在注册会计师职业道德守则中还需要补充有关政府财务报告审计中对保密性的特别规定。

二、公共部门内部控制审计指引

我国现行的企业内部控制评价指引和审计指引是专门针对企业制定的，其中很多内容并不适用于公共部门。本报告建议针对公共部门内部控制审计的特殊性，制定专门的公共部门内部控制审计指引，其中核心内容建议如表8-5所示。

表8-5 关于公共部门内部控制审计指引重点内容的建议

内容	建议
总则	总述公共部门内部控制审计的定义、目标、原则和基本要求
计划审计工作	对计划阶段审计工作中需要考虑的因素、执行的工作以及可能遇到的问题及解决方法提供具体要求及指引
实施审计工作	对实施阶段审计工作中需要考虑的因素、执行的工作以及可能遇到的问题及解决方法提供具体要求及指引
评价内部控制缺陷	对公共部门内部控制缺陷的认定方法、认定标准以及内部控制缺陷的级别分类提供具体指导及说明
完成审计工作	对完成阶段审计工作中需要考虑的因素、执行的工作以及可能遇到的问题及解决方法提供具体要求及指引
出具审计报告	对内部控制审计报告区间、格式、内容等提出要求和说明；对判断是否出具保留意见审计报告或者无保留意见审计报告提供详细的指引和说明并提供相关审计报告模板
记录审计工作	对审计工作底稿的编制及归档提出具体要求

第九章　我国推行公共部门注册会计师审计制度的能力框架和人才建设研究

由于我国注册会计师长期为企业提供财务报表审计等鉴证业务，在公共部门审计领域的经验相对不足，为确保公共部门注册会计师审计制度顺利推行，有必要对注册会计师执行公共部门审计所应具备的能力框架加以研究。与此同时，高质量的公共部门审计报告与高素质的公共部门财会人员以及高水平的公共部门财务管理密不可分、相辅相成，因此，本章还将从行业主管部门、行业协会、高等院校、公共部门和会计师事务所等不同视角探讨与公共部门注册会计师审计制度相适应的人才建设问题。

第一节　注册会计师执行公共部门审计的能力框架研究

2007 年 10 月，中国注册会计师协会发布了《中国注册会计师胜任能力指南》，构建了注册会计师职业生涯胜任能力的总体框架，明确了注册会计师专业素质的基本要素及核心内容，为全面指导注册会计师教育、考试、培训等人才建设工作，加强行业人才的培养、选拔和继续教育，提供了有力的理论基础和实践指导。国际方面，国际会计师联合会也曾发布《会计师胜任能力框架》，从专业知识、技能及职业道德方面对会计师胜任能力提出具体要求。

概括而言，对注册会计师胜任能力的要求主要包括知识、技能和价值观三方面。

知识要素不仅包括会计审计的专业知识，还包括经济、金融、法律、科技、社会、组织、文化等方面的知识，具体来说，既包括制度、准则、规定层次上的知识，又包括专业理念、理论、逻辑层次上的知识，甚至还包括知识转化为能力的途径、运用知识的方法论等。

技能要素本质上是运用知识的能力，即将知识运用于实践的能力、运用知识解决问题的能力等，包括智力技能、技术运用技能、沟通技能、管理技能等。对于会计审计人才来说，最为核心的是职业判断技能，也就是面对经济事实、现象、数据，根据专业理念、理论、逻辑、法规，作出专业决策的能力，它是会计审计人才智力技能的一种，也是其他各种技能的综合体现。

价值观要素也就是得失观、是非观、进退观。指导会计人才专业活动、专业判断的价值观，即是职业价值观。由于注册会计师是专业人士，掌握非专业人士不具备的知识和技能，存在着专业人士与非专业人士的信息不对称问题，如果没有正确的价值观作指导，注册会计师的专业活动、专业判断就会失去准星，不但不能增进公众利益，反而可能损害公众利益。

执行公共部门审计业务的注册会计师不仅需要遵循上述注册会计师胜任能力的基本要求，而且要在此基础上有所提升，进一步拓宽知识技能范畴、提升专业技术水准和价值观高度。比如，就审计主体而言，公共部门主体类型繁多，从各级人民政府、行政事业单位到各类非营利组织，其涵盖的运作机制及行业背景各不相同，这对承担其审计任务的注册会计师的能力提出了更高的要求。再如，就审计目的而言，公共部门审计业务除了财务报告审计，还有财政收支审计、绩效评价、经济责任审计等各类专项审计，这也要求执行公共部门审计业务的注册会计师必须具备更深、更广、更精的知识面。

一般而言，能够胜任公共部门审计业务的注册会计师，应当拥有多元化的知识背景，不仅精通财务、会计、审计和计算机知识，还应掌握大量公共管理、经济学等知识，同时还需要具备更高的职业道德水准。为加快培养能够胜任公共部门审计的注册会计师人才，更好地推进公共部门注册会计师审计制度顺利实施，有必要尽快构建具体的、可操作的注册会计师执行公共部门审计能力框架体系。

注册会计师执行公共部门审计胜任能力框架分为通用能力和特殊能力两类，

前者适用于所有注册会计师，后者是对执行公共部门审计业务的注册会计师的特别要求。

一、注册会计师执行公共部门审计胜任能力框架体系（通用）

注册会计师胜任能力的基本要求如表9-1所示，这些要求同样适用于执行公共部门审计业务的注册会计师。

表9-1　注册会计师胜任能力框架体系（通用）

能力	类别	具体内容
知识体系	通用	会计、审计、财务、税务、相关法律及相关知识
		组织和企业知识
		信息技术知识
技能体系	通用	智力技能（含职业判断技能）
		技术和应用技能
		个人技能
		人际和沟通技能
		组织和企业管理技能
价值观	通用	维护公众利益，在审计、审阅和其他鉴证业务中恪守独立、客观、公正的原则
		通过终身学习，培养、保持和提高胜任能力，并保持应有的职业谨慎
		对执业过程中获知的客户信息保密
		职业行为恰当，包括合理确定专业服务收费，不收取或不支付佣金，不从事与执行和鉴证业务不相容的工作，保持与同行的良好工作关系，不对自身能力做广告，以恰当的方式进行业务招揽和宣传等

二、注册会计师执行公共部门审计胜任能力框架体系（特殊）

在注册会计师执行公共部门审计胜任能力框架体系（通用）的基础上，执行公共部门审计业务的注册会计师还应具备特有的专业素质和实务经验，如表9-2所示。

表 9-2　注册会计师执行公共部门审计胜任能力框架体系（特殊）

能力	类别	具体内容
知识体系	特殊	政府会计准则及公共部门财务报表编制（权责发生制）
		财政收支管理及预决算管理知识（收付实现制）
		与公共部门业务相关的专业知识以及主要业务流程
		公共部门相关法律法规、规章制度、政策的背景和主要内容
		国际公共部门会计、审计相关准则、实务惯例
		与公共部门相关的内部控制制度
技能体系	特殊	逻辑思维能力
		政策理解能力
		沟通协调能力
价值观	特殊	公共利益最大化
		恪守诚信、客观、公正的原则
		廉洁奉公，拒绝贿赂

三、注册会计师执行公共部门审计胜任能力框架举例

不同类别、不同行业的公共部门，能力框架体系的设计应当体现出一定的行业特点，本节将以公立医院财务报表审计为例，具体阐述注册会计师的胜任能力框架体系。

公立医院不以营利为目的。近年来，医院之间的竞争加剧，不少医院为了争夺市场份额，加快改建、扩建门诊及住院大楼、引进各种高端设备。与此同时，财政拨款逐渐减少，公立医院转向银行融资逐渐增多，财务和经营风险不断加大。

为贯彻风险导向审计理念，遵循执业准则及《医院财务报表审计指引》，注册会计师应充分了解被审计医院及其环境（包括内部控制），评估重大错报风险。在此过程中，注册会计师需要调查了解以下内容。

（一）行业状况、法律环境和监管环境以及其他外部因素

（1）被审计医院周边医疗市场的资源配置状况（如医院的数量、布局、等级）、地区经济发展趋势，以及市民医疗消费需求发展情况，明确周边医疗卫生资源分布是否合理，被审计医院的医疗服务关键指标值（包括卫生资源总量、医疗服务状况、病人医药费用、疾病控制与公共卫生以及卫生监督等方面）与行业指

标值相比是否存在较大差异且是否影响被审计医院的医疗服务水平。

（2）被审计医院医疗服务的种类，以及相关病种的爆发是否具有一定的季节性和周期性等特点。

（3）被审计医院医疗服务的总体技术状况，以及医疗科研成果的应用、先进诊疗技术的实施和专业技术人才的引进对总体技术水平的影响。同时了解同行业其他医院的相关信息。

（4）被审计医院开展日常医疗服务时所需能源的供应及其成本。

（5）被审计医院是否遵循《事业单位会计准则》和《医院会计制度》，以及国家其他有关法律法规的相关规定。

（6）被审计医院所处行业的法律法规框架以及行业主管部门所制定的相关监管制度。

（7）目前国家开展的医药卫生体制改革动因、方式、步骤、政策等具体情况以及对被审计医院开展医疗服务产生的影响。

（8）国家对医院提出的环保要求，如对医疗垃圾的处理是否遵循《中华人民共和国固体废物污染环境防治法》、《医疗废物管理条例》和国家环保总局的相关规定，是否存在因环保未达标而影响提供正常医疗服务的情况。

（二）被审计医院的性质、组织机构和主要业务活动

（1）被审计医院的部门设置与分布、各部门职能及业务流程、管理组织机构设置是否合理，是否建立院、科两级管理责任制，是否能够满足管理工作需要，三级医院是否按规定设置总会计师，是否有完整的规章制度和岗位职责，是否建立了科学的决策机制，“三重一大”（即重大问题决策、重要干部任免、重大项目投资决策、大额资金使用）事项是否经集体决策并按规定程序报批。

（2）被审计医院的业务活动，包括：①被审计医院各项收入的来源，提供的所有医疗服务项目的名称、收费标准以及价格水平。②被审计医院临床检查、诊断和治疗的开展情况。③联盟、合营与外包情况，如是否存在加盟、合营分院，科室对外承包等情况。④被审计医院的地区分布与行业细分情况，如是否在全国、全省范围内设有分支机构，是否为专科医院或由不同分院提供不同的医疗服务。⑤被审计医院是否存在自制药品的情况，其主要生产设施、仓库和办公室的地理位置，医院科室楼层分布情况以及药品等存货存放地点和数量是否符合规定。⑥被审计医院的关键客户及货物和服务的重要供应商，劳动用工

安排。⑦承担医疗卫生科研与教学的有关情况。⑧关联方交易。⑨药品使用、大型医疗设备的配置和使用、卫生材料及植（介）入类医疗器械等的控制和管理。⑩是否能够承担突发事件紧急医疗救援任务，是否有突发事件（突发公共卫生事件、灾害事故等）应急预案并组织演练，是否能够及时、妥善处理突发事件。⑪国家重大公共卫生服务项目的开展情况。⑫医疗事故发生件数、等级、责任程度，以及重大医疗过失行为和医疗事故报告率。⑬医患关系及医疗纠纷情况。

（3）被审计医院的投资与投资活动，包括：①近期拟实施或已实施的并购活动或资产处置。②证券投资与委托贷款的处置。③资本性投资活动，如固定资产（尤其是大型医疗设备的购置）和无形资产的采购等。④其他投资。

（4）被审计医院的筹资与筹资活动，包括：①主要子公司和联营企业（无论是否处于合并范围内）。②债务结构和相关条款，包括资产负债表外融资和租赁安排。③实际受益方及关联方。

（5）被审计医院的信息化建设情况，包括：①是否以医院管理为重点，大力推进医院信息化建设，构建信息网络平台；是否能够利用网络信息技术，开展与其他医疗卫生机构的合作。②信息系统是否符合《医院信息系统基本功能规范》，并满足医院管理和临床工作需要。③信息系统运行是否稳定、安全和高效，是否可连续、系统、准确地收集、整理、分析和反馈医院管理和医疗质量控制等需要的信息；是否能够与其他医疗机构、卫生行政部门及相关部门实现信息共享。④是否严格执行保密制度，实行信息系统操作权限分级管理，保障网络安全，保护患者隐私。

（三）对会计政策的选择与运用

调查了解被审计医院的主要会计政策，了解会计政策的选择和运用是否合规、适当以及会计政策的变更情况。除会计政策以外，可能还存在一些行业惯例，注册会计师需要熟悉这些行业惯例。当医院采用与行业惯例不同的会计处理方法时，注册会计师需要了解其原因，并考虑采用与行业惯例不同的会计处理方法是否适当。

（四）被审计医院的目标、战略以及相关业务风险

注册会计师需要调查了解被审计医院的目标、战略以及相关业务风险，

包括：

（1）被审计医院是否准确把握国家的宏观政策取向，并结合最新医药卫生体制改革的总体要求，制订了相应的总体规划；被审计医院近期的工作思路和工作目标。

（2）医院是否了解自身的核心竞争力，是否有一套与发展战略相适应的战略规划。

（3）被审计医院的外部环境（机遇与风险）和内部情况（优势和劣势）。注册会计师可以对有关人员、设备、技术力量、服务能力、工作量等方面的历年数据进行加工、分析，了解被审计医院面临的业务风险。

（五）被审计医院财务业绩的衡量和评价

注册会计师需要调查了解被审计医院财务业绩的衡量和评价。被审计医院内部或外部的业绩衡量和评价可能对管理层产生压力，促使其采取措施改善财务业绩或歪曲财务报表。注册会计师需要了解被审计医院财务业绩的衡量和评价情况，考虑这种压力是否可能导致管理层采取行动，以至于增加财务报表发生重大错报的风险。在了解被审计医院财务业绩衡量和评价情况时，注册会计师需要关注下列信息：

（1）是否有专门的机构（如薪酬与绩效管理委员会）和人员负责财务业绩的衡量与评价。

（2）是否建立了完善的财务业绩的衡量和评价体系，衡量和评价体系包含的财务分析指标是否全面、完整。

（3）本期财务分析指标与上期财务分析指标的比较分析。

（4）是否制定了相应的年度预算，并将预算执行结果、成本控制目标实现情况和业务工作效率等一并作为内部业务综合考核的重要内容。

（5）以服务质量及岗位工作量为主的综合绩效考核和岗位绩效工资制度的实施情况，并与分配激励制度、人力资源管理制度相联系。

（6）与竞争对手的业绩比较。

在进一步审计程序中，注册会计师通常应将财政拨款、重大采购招标、项目验收、费用支出（是否虚列支出、隐瞒或错误列报人员薪酬福利等）作为审计重点，为此至少应实施如下程序：

（1）详细了解医院的各种采购与销售制度流程，查看与医院管理相关的法律法规，对行业进行深入了解。

（2）对财政拨款及银行贷款使用情况进行检查。

（3）查看医院人员的工资制度，检查员工收入是否存在异常波动。

（4）对医院供货单位的选择过程进行详细了解，查看该过程是否属于正常的招投标，是否存在供应商的轮换。

（5）对实物资产进行清点，是否存在盘盈、盘亏的情况。

（6）深入理解医院业务数据，并与财务数据进行逻辑勾稽，找出隐藏的问题。具体包括：通过业务数据查询进销存，检查是否有使用医保报销药品冲销非医保药品的情况；通过收费系统的记录，对比仪器使用的情况，检查是否有提供服务未收费的情况；通过检索出住院天数，统计药品使用量，检查是否有违规情况；使用进销存系统，复核药品加价率；对照加价率核对当地具体药品的加价规定从而寻找线索。

（7）对重大建设项目进展情况进行检查等。

从上述工作内容可见，注册会计师在执行医院财务报表审计业务时具备专业复合能力，既要懂业务，又要懂财务，还要熟悉规则。综合上文提出的注册会计师执行公共部门审计的通用能力和特殊能力，结合公立医院自身的业务特点，表 9-3 列示了注册会计师执行医院财务报表审计业务的能力框架体系。

表 9-3 注册会计师执行公共部门审计胜任能力框架体系（公立医院）

能力	具体胜任能力
知识体系	掌握医院相关的会计、审计、财务、税务知识
	了解医院运行机制、发展历程、医药、器械知识、行业背景知识
	熟悉医院业务软件及财务软件知识
	掌握医院财政收支管理及预算管理知识
	了解医院等医疗机构的业务流程和内部控制制度
	了解医药采购招投标、项目招投标制度
	熟悉与医院业务相关的法律法规和规范性文件
	熟悉医药卫生体制改革、政府部门对医药产品监管、财政等拨款资金使用和核算的相关法律法规、政策和制度
技能体系	同注册会计师执行公共部门审计胜任能力框架体系（通用+特殊）要求
价值观	同注册会计师执行公共部门审计胜任能力框架体系（通用+特殊）要求

使用财政资金的公共部门财务报表审计胜任能力要求在很多方面与公立医院财务报表审计胜任能力要求相似，在此不再举例。

第二节　适应公共部门注册会计师审计要求的人才建设研究

任何一项制度都需要由人来实施，制度执行效果的好坏很大程度上取决于人才素质的高低。公共部门注册会计师审计制度在我国是一项较新的制度安排，必须要有与之相关的人才培养政策相配套，才能充分发挥该制度的独特优势和重要作用。本报告研究认为，适应公共部门注册会计师审计要求的人才建设工作需要会计行业主管部门、行业协会、教育机构、公共部门和会计师事务所统筹规划、合力推进。

一、对会计行业主管部门加强人才建设的建议

（一）增加现行会计职称考试内容，落实公共部门会计人员持证上岗

目前公共部门会计人员对于按照权责发生制编制政府财务报告普遍缺乏知识储备和经验积累，尚不能很好地满足公共部门管理创新及政府会计准则变化对会计核算工作的新要求。为此，会计行业主管部门应采取多种措施切实提高公共部门会计人员的综合素质。一是在现行会计职称考试中增加公共部门会计审计相关内容。为提高公共部门会计核算和财务管理水平，大力培养公共部门会计人才，建议在会计职称考试中增加公共部门会计、审计、内部控制等方面的内容。二是落实公共部门会计人员持证上岗制度。目前部分地区行政事业单位会计人员中不同程度地存在“无证上岗”现象，为了适应公共部门现代化管理需要，进一步加强党政机关事业单位党风廉政建设，促进公共部门诚信体系建设，根据《中华人民共和国会计法》以及《会计从业资格管理办法》（财政部令第 73 号）有关精神，建议在公共部门严格落实会计从业人员持证上岗规定。

（二）加大注册会计师人才培养力度，提升注册会计师执行公共部门审计的业务能力

会计行业主管部门在推动公共部门注册会计师审计人才建设时，应考虑以下措施：一是在注册会计师考试和继续教育课程中增设公共部门会计审计相关内容，提升注册会计师开展公共部门审计的专业胜任能力。二是加大政策扶持力度，在财税支持、在职培训、人才跨境流动等方面有意识地向执行公共部门审计的注册会计师倾斜，增加扶持力度，使这一领域的优秀人才能够得到相应的待遇及广阔的发展空间。三是抓好人才储备，鼓励和引导高校应届优秀毕业生和海内外优秀人才加入公共部门审计领域，优化队伍年龄和知识结构，为公共部门注册会计师审计事业发展提供长期可持续的人才保障。在条件成熟时，可研究探索建立专门的公共部门注册会计师审计资格制度并推动相关行业协会建设。

（三）建立公共部门会计审计领军人才制度，着力培养高端复合型人才

领军人才培养工程实施以来，选拔和培养了一大批注册会计师类、企业类、行政类、学术类四类优秀会计人才，为我国会计行业整体实力的提升作出了卓越贡献，起到了示范带头作用。在推行公共部门注册会计师审计制度工作中，应当借助这一平台加快培养高端、复合型人才。可以考虑把公共部门会计审计人才作为领军人才选拔的一个专业方向，集中培养参与公共部门注册会计师审计工作的各类领军人才，学员包括公共部门的财会人员、审计人员（含注册会计师和政府审计人员）、精于相关理论的学术人才等，通过这些学员的交流、碰撞、提升，为全面实施公共部门注册会计师审计制度、完善公共部门会计审计准则体系奠定扎实的高端人才基础。

（四）跨行业、跨体制调配专业人才，提高公共部门财务会计人员的素质

通过灵活的用人机制及人员调配政策，打破公共部门、注册会计师行业、监管部门、高校之间的固有壁垒，通过有计划的人才无障碍流动（如借调等方式），培养通晓公共部门财务会计理论与实践、注册会计师审计、监管理念的复合型人才，最终将这些顶尖的公共部门审计复合型人才调配至相关的关键岗位

上，起到领头羊的作用，进而带动公共部门财务部门、会计师事务所审计团队、监管机构提高综合人才素质和相关工作绩效，促进公共部门注册会计师审计的快速发展。

二、对行业协会加强人才建设的建议

（一）改进注册会计师考试内容

建议在注册会计师考试教材中增加较为系统、详尽的公共部门相关知识，包括公共部门类型介绍、职能承担、运行机制、管理办法等基础知识及相应的公共部门内部控制制度、政府会计准则及相关制度、公共部门预算管理制度、公共部门审计准则及相关制度等，并将相关知识点作为注册会计师考试的考核内容之一，引导注册会计师进一步优化知识结构、充实知识储备。

（二）完善注册会计师后续教育制度

建议加大对人才建设的资金投入，在注册会计师后续教育培训中增设与公共部门审计相关的培训课程，包括公共部门内部控制制度、政府会计准则制度、公共部门预算管理制度、公共部门审计准则及相关制度等，指导注册会计师及时更新和掌握公共部门审计的最新知识，保持专业胜任能力，提升执业质量。

（三）鼓励理论探索和学术研讨

建议在《中国注册会计师》杂志中开设专栏，对与公共部门相关的会计、审计、内部控制等重要问题进行专题讨论，群策群力、集思广益，共同推动公共部门注册会计师审计制度的理论创新和实务推广。

三、对高等院校加强人才建设的建议

从目前高校设置的会计、审计、内部控制等专业来看，普遍存在“难教、难懂、难学、难考”的问题，教学效果不尽理想，毕业生的专业素质和综合能力不能完全适应目前审计工作的要求。尤其在公共部门审计这一较新的业务领域中，高校学生的培养与社会需求严重脱节，相关公共部门会计、审计、预算管理及内部控制制度专业知识更新缓慢。如何加强高校公共部门审计专业人才教育，培养适应新形势的公共部门审计专业人才，是我国有关高等院校面临的一个迫切问题。建议如下：

一是补充公共部门会计审计相关专业课程。为了满足社会对公共部门审计人才的需求，应及时开设公共部门相关专业课程，将最前沿的知识传播至有志于在本专业发展的学生，提高其专业能力，为公共部门会计审计事业输送合格的专业人才。

二是设置公共部门会计审计相关研究机构。利用高校智力资源雄厚的优势，组织相关专业的专家和学者，设立公共部门会计审计研究机构，在理论上解决当前较为紧迫的重点、难点问题。如有必要，还可聘请业内专家或向国内外相关单位取经，让研究机构的人员通过业务交流，提高专业知识、积累行业经验、解决行业难题。

三是改变“重理论、轻实践”的教学方法。在“审计学原理与实务”这门“技巧性”较强的学科中，技巧的培养更需要对知识的应用、发挥和创新。高校应注重实践性教学环节，如案例分析、专家讲座、校内模拟、校外实习等，强化对学生创新能力、实践能力以及对知识的灵活应用能力的培养。

四是加强职业道德的灌输和价值观的提升。对于公共部门审计来说，诚信始终是立足之本。因此，除了加强专业知识和提高技能，职业道德和价值观的提升同样重要。

四、对公共部门加强人才建设的建议

（一）牢固树立人才为本观念，提升财务会计人员素质

公共部门管理者要转变观念，加快财务会计人才培养，强化在职人员培训工作。要加大财务会计人员在宏观经济管理、法律法规、会计知识以及其他综合知识等方面的学习培训，提高财务会计人员的整体素质。要合理调整财务会计人员的知识结构，培养更多适合财务转型的复合型人才，形成技术创新团队，提升财务会计人员创造性开展财务会计工作的能力。

（二）牢固树立创新意识，拓展现代管理方式

信息化发展对会计工作提出了新的要求。公共部门负责人应积极组织对财

务会计人员的培训，提高财务会计人员的计算机运用水平。同时，引进既懂计算机又懂财务的专业人员，以推动信息化工作再上新台阶。全面上线和运行以计算机为特征的财务管理信息系统，依靠信息化手段加强管理控制，提高工作效率和管理水平。公共部门财务会计人员要切实增强创新能力，提高财务创新水平。财务会计工作除了要在财务理念、手段、方式方法上创新，还要对财务报告的形式进行创新，有针对性地向有关部门和领导提供不同形式的财务报告结果，提高核算成果的利用率。

（三）牢固树立财务转型意识，积极服务管理创新

在当前推进公共部门注册会计师审计制度的背景下，公共部门财务工作由传统的服务预算和资金管理向服务公共部门治理和决策转型既是适应经济社会发展的客观需要，也是公共部门事业发展的内在要求。只有加快财务转型，才能使财务工作更好地适应外部的变革，更好地为改革和发展大局服务，为政府改革和体制创新服务。

五、对会计师事务所加强人才建设的建议

（一）做好高端人才储备

会计师事务所在储备公共部门审计相关人才时，要有意识地引进高层次、高技能、复合型、外向型的审计人才，优化审计队伍的知识结构，应对业务发展的新需求。

1. 直接引进

采取公开招聘、客席聘用、签约代理等多种形式，高起点、高水准，从海内外引进高级公共管理业务合伙人和业务骨干。借鉴其他行业的人才引进策略，对于直接引进的高端人才，给予较高的待遇和职位，注重发挥其引领和辐射的作用，以此来带动事务所公共部门审计团队素质的整体提升。

2. 间接引进

通过跨境、跨区的机构联合、项目协作、信息交流、资源共享等途径，发现并引进海内外优秀的公共部门管理人才和潜在人才。

3. 行业转接

探索建立公共部门审计业务的人才保障系统，将政府、事业单位、高校、医院和其他非公共部门有志于从事审计工作的高端人才转接到注册会计师行业。

4. 内部提拔

经过考核、培养等内部机制，选拔出一批已具备相当审计执业经验的人才补充至公共部门审计团队中。

（二）加强专业培训

除了引进人才外，培训会计师事务所内部执业人员也是事务所尽快形成公共部门审计执业能力、提高其在该领域核心竞争力的重要措施：一是完善事务所内部培训内容，对在岗人员进行分批、分次的集训，补充有关公共部门审计的知识，做到一人多技，提升审计人员的综合素质。二是通过派出执业人员参加外部跨界培训，汲取公共部门背景知识和前沿理论知识并在本所推广。三是通过国际成员所之间的人员借调机制，学习国外先进经验。四是在积累一定专业经验和人才储备后设立专门的公共部门审计业务部门，最终形成事务所在该领域的核心竞争力。

（三）跟踪发展动态

为了拓展公共部门注册会计师审计业务，会计师事务所及其注册会计师应通过各种渠道持续关注国内外公共部门审计的发展动态：一是根据财政部及注册会计师协会相关政策导向及专题研究，开展跟进研究及人才培训工作，有的放矢，“缺什么补什么”。二是借助国际成员所网络，密切关注发达国家在公共部门审计领域的新进展，尤其是执业层面的先进经验及业务创新。三是展开跨行业合作，尤其是与研究机构、高校等在公共部门注册会计师审计领域展开合作，了解理论发展趋势，及时更新知识，抓住拓展新业务领域的机遇。

第十章　我国公共部门注册会计师审计与政府审计的协调

第一节　协调公共部门注册会计师审计与政府审计的必要性

注册会计师与政府审计人员，遵循各自的法律规范与执业准则，从不同的侧面对公共部门的经济与财务活动及其结果进行审计。政府审计（本报告仅限于讨论审计机关对公共部门的审计，下同）主要依据公权力，侧重对财政资金收支合法性、使用效率和效果、财经违法违规与舞弊等进行审计；注册会计师利用其独立性和专业性，侧重对公共部门财务报告及其他相关信息的真实性和完整性进行审计。公共部门注册会计师审计与政府审计各有侧重、相互促进。政府审计囿于其法定职能和资源约束等限制，难以完全替代注册会计师审计，而注册会计师审计由于其独立于政府审计的审计框架，可以形成对政府审计的有益补充。

一、政府审计难以完全替代注册会计师审计

（一）政府审计的职能有限

审计机关必须在《审计法》及其实施条例规定的职能范围内开展审计工

作，对于法律没有授权的审计事项，由审计机关来实施可能存在争议。根据《审计法》及其实施条例，审计机关的法定审计范围主要包括：本级人民政府财政部门具体组织本级预算执行的情况；本级预算收入征收部门征收预算收入的情况；与本级人民政府财政部门直接发生预算缴款、拨款关系的部门、单位的预算执行情况和决算；下级人民政府的预算执行情况和决算，以及其他财政收支情况。中共中央办公厅和国务院办公厅于 2015 年 12 月印发《关于完善审计制度若干重大问题的框架意见》和《关于实行审计全覆盖的实施意见》，明确审计机关对公共资金、国有资产、国有资源和领导干部经济责任情况实行审计全覆盖。对于法律法规和中央文件规定之外的审计事项，如政府财务报告审计、内部控制审计等，仍需交由社会审计机构即会计师事务所及其注册会计师来承担。

（二）政府审计的资源有限

审计行业属于智力密集型行业，其资源主要是人力资源，工作主要依靠具备专业能力的专业人员来完成，人力资源是审计工作中最核心的要素。在非公共部门审计领域，一些较大规模的集团公司或上市公司的财务报告审计可能需要近千人的审计人员来参与审计工作。对于公共部门财务报告审计而言，如果完全由审计机关完成审计工作，则必须要有一支庞大的审计人员队伍作为保障。但是，审计机关很难长期保持较大规模的审计团队。2014 年 2 月 11 日，国务院召开第二次廉政工作会议，国务院总理李克强发表讲话，要求“严控机构编制和人员，对人员编制行总量控制，各省（区、市）行政编制总额不得突破”。审计机关同样受国家行政体制、人员编制和经费等的限制，在此情形下，政府审计的人力资源有限，难以随意扩充审计力量。

（三）公众对公共部门提供高质量信息的期望日益高涨

国家治理体系和治理能力现代化建设，导致公众对公共部门信息透明度的需求不断增加，对公共部门提供高质量信息的期望日益高涨。这种需求和期望一方面在政府审计资源约束的条件下，通过审计署对预决算和特定事项的审计来予以有限满足；另一方面，随着以权责发生制为基础的政府会计体系的建立健全，公共部门财务报告经注册会计师审计后向全社会逐步公开，是对公共部门财务管理“公开、公正”的公众期望的积极回应，是取信于民、满足社会公众对公共部门相关信息知情权的适当的方式。可以预见，政府审计的有限职能和资源，必然与公众日益高涨的期望产生矛盾，而缓解这一矛盾的有效出路就是大力推进公共部门注册会计师审计制度，利用社会资源应对公众对公共部门审计的期望和需求，通过市场方式优化和充分利用全社会的审计资源。

二、注册会计师审计是国家审计监督体系的重要组成

国家审计监督体系是国家治理的重要组成部分，包括政府审计、注册会计师审计和单位内部审计。其中：政府审计关注的重点是预算执行情况和被审计单位财政收支、财务收支以及有关经济活动的真实性、合法性、效益性，以及公共部门经济活动中的特定事项。而注册会计师审计关注的重点是财务报表、各类交易、账户余额和披露不存在重大错报，相关业务、相关经济事项是否按照会计准则或会计制度确认、计量并在报表中公允反映、充分披露，相关财务信息对财务报告使用者经济决策是否有用、是否会形成误导。简而言之，公共部门注册会计师审计和政府审计各有侧重，将审计机关无法或不宜承担的审计工作交由会计师事务所及其注册会计师来实施，可以满足公众对公共部门信息质量和透明度的较高要求。

（一）注册会计师审计具有充足的人才储备

会计师事务所作为自负盈亏的审计市场服务主体，可根据业务发展和客户需求，按照市场化原则自主扩充或缩减审计人员，其灵活的人力资源政策是审计机关难以做到的。我国注册会计师行业经过 30 多年的恢复重建和快速发展，聚集了一大批高素质的专业人才，截至目前，全国共有执业注册会计师 10 万余人，非执业注册会计师 11 万余人（非执业注册会计师均是注册会计师行业潜在的人才储备），从业人员超过 30 万人，这么一支庞大的人才队伍在项目管理、质量控制、审计技术、职业判断方面都积累了丰富的经验，必将成为我国推进公共部门注册会计师审计的强大保障。

（二）注册会计师审计具有成熟的审计框架

注册会计师执行财务报表审计业务（包括公共部门财务报表审计业务），有着成熟的风险导向审计模型。鉴证业务风险通常体现为重大错报风险和检查

风险。以此风险模型为基础，根据审计准则体系，注册会计师已经形成了规范的、以风险为导向的历史信息财务报表审计流程，包括了解被审计单位及其环境、评估重大错报风险、实施进一步审计程序、评价审计结果并形成审计意见等。注册会计师遵守审计准则和相关职业道德要求，针对财务报表是否在所有重大方面按照财务报告编制基础编制并实现公允反映发表审计意见。注册会计师对审计意见承担民事责任，包括依法承担民事赔偿责任，构成犯罪的，依法追究刑事责任。会计师事务所特别是较大规模会计师事务所根据上述审计准则体系和执业审计流程，开发并完善适应各自业务特征的审计技术系统、软件或模板，能够适应对不同审计客户（包括企业和公共部门等）的审计工作需求。

（三）注册会计师审计具有专业的胜任能力

注册会计师对于以权责发生制为基础的会计信息进行确认、计量和列报的审计有着深刻理解；对于基于控制视角下的合并财务报表掌握着熟练的审计方法；对于与财务报告相关的内部控制审计也有着丰富的执业经验。注册会计师在企业审计实践中所培养的专业胜任能力，完全可以借鉴应用到公共部门审计工作中。此外，注册会计师所具备的独立性也是做好公共部门审计工作的前提和基础。独立性是注册会计师执业时遵循诚信、客观和公正原则的保证。由于独立于政府机构及公共部门，因此注册会计师具有形式上和实质上的独立性，可以客观、公正地对公共部门财务报告独立发表审计意见，除需接受行业主管部门的监督检查外，不会在执业过程中受到其他方面的制约和限制。

三、注册会计师审计与政府审计互促互进

（一）注册会计师审计与政府审计的协调有利于提高审计效率

一方面，注册会计师在执行公共部门财务报告审计工作时，可以根据法律法规和委托方要求，就审计过程中发现的公共部门重大违法违规行为与审计机关沟通，审计署根据注册会计师出具的审计报告和审计意见，研究提出政府审计的工作重点，集中资源、有的放矢地开展针对性审计，从而提高政府审计的效率效果。另一方面，对于政府审计工作中发现的属于财务报表重大错报风险的领域，注册会计师同样可以借鉴利用政府审计的结果，按照自身的审计框架

确定其重要性水平，进而降低注册会计师审计成本。

（二）注册会计师审计与政府审计的协调有利于提高信息质量

审计署通过对公共部门预决算和财政收支的审计，可以有效提高公共部门预算会计信息的质量。注册会计师通过对政府综合财务报告和部门财务报告的审计，以及内部控制等专项审计，能够有效地规范政府及公共部门的财务会计核算，提高政府及公共部门的财务会计信息质量。注册会计师审计与政府审计的协调，可以共同推动提高政府及公共部门的信息质量，提高政府及公共部门的治理水平和信息透明度。

（三）注册会计师审计与政府审计的协调有利于相互印证监督

根据法律法规的有关规定，社会审计机构审计的单位依法属于审计机关审计监督对象的，审计机关有权对该社会审计机构出具的相关审计报告进行核查。因此，审计机关可通过对特定事项的审计，评价公共部门注册会计师审计的质量，并在社会审计机构的选择上提出意见，从而形成对注册会计师审计的监督。与此同时，注册会计师通过对公共部门财务报告等事项的审计，向社会公开其独立的审计意见和审计结论，客观上也对审计机关形成了对同一公共部门的审计工作印证和监督的作用。

第二节　协调公共部门注册会计师审计与政府审计的建议

一、各司其职、各尽其责

公共部门注册会计师审计和政府审计各有偏向、各有侧重，只有做到各司其职、各尽其责，才能最大化发挥各自审计工作的优点。一般而言，政府审计主要关注公共资源的合法与合理利用，以及公共资源使用的效率与效果；注册会计师审计则主要关注与公共资源流量和存量相关的信息是否得到真实可靠地反映和披露。具体而言，注册会计师审计和政府审计可作如下分工：第一，公共部门预决算审计宜采用政府审计模式。这既是《审计法》明确规定的法定政府审计业务，也是审计机关较为擅长的领域。多年的政府审计实践使得审计署对以收付实现制为基础的预决算报表审计拥有丰富的经验。第二，公共部门财务报告审计宜采用注册会计师审计模式。根据我国政府会计改革目标，公共部门财务报告将全面采用权责发生制。注册会计师对以权责发生制为基础编制的财务报表拥有丰富的审计经验，能够对公共部门财务报告可信度提供合理保证。由注册会计师执行政府综合财务报告和部门财务报告审计业务，可以在较短的时间实现对政府财务报告的全面审计，在此基础上，可以考虑由审计机关针对注册会计师在审计过程中发现的重大问题进行专项审计，进而体现政府审计与注册会计师审计的协调。为了明确政府审计与注册会计师审计的分工，建议尽快以法律形式明确公共部门财务报告注册会计师审计制度。这既是增强公共部门财务报告公信力、健全完善现代国家治理的必要举措，也是合理、合法利用社会专业资源的有效手段。根据试点省市的经验，只有在相关法律法规或规章制度中明确公共部门开展注册会计师审计工作的法定义务，即明确公共部门年度财务报表必须经注册会计师审计，相关工作的开展才能真正实现“合法、合规、合程序”。

二、协调推进、避免重复

根据国家治理体系和治理能力现代化的要求，政府各职责部门有必要重新审视对公共部门财政财务收支进行检查和审计的效率和效能，不同部门对同一事项开展重复检查，既浪费了行政资源，也加大了被审计单位的负担。因此，有必要协调公共部门政府审计与注册会计师审计，以及政府各部门审计之间的关系，避免重复检查和重复审计，这方面可以借鉴发达国家的经验。一是建议尽快制定统一的法规体系对公共部门审计工作进行协调，包括对需要进行审计的公共部门进行定义或设定标准；规范审计主体、审计方式、审计经费、审计准则等内容；对公共部门注册会计师审计的目标、范围、审计报告使用等进行限定等。关于法规体系的建设可以借鉴美国单一审计法案、财务总监法案，加拿大财务管理法案等做法。二是建议成立独立的机构或组织，以协调对公共部门的财务检查和审计，包括审计议题的选择、公共部门审计机构的选择等，避免重复审计和重复检查。具体可借鉴英国的做法，在我国成立具有独立监管性质的审计委员会协调相关审计事项，或成立带有协会商会性质的公共部门审计任命公司，按照市场化原则协调相关审计事项。

三、共享成果、提高效率

根据《中国注册会计师审计准则第 1142 号——财务报表审计中对法律法规的考虑》，注册会计师对识别出的或怀疑存在的被审计单位的违反法律法规行为具有报告义务，报告的对象根据不同的情况，可能是政府监管部门，也可能是被审计单位的内部治理层，还可能是被审计单位以外的利益相关方。与此同时，审计机关通过公告等形式公开其审计过程中发现的公共部门违反法律法规行为，也能为注册会计师在同一或类似公共部门开展审计工作提供风险等级和重要性水平的判断依据。因此，注册会计师审计和政府审计相互利用对方的审计成果，有利于提高各自审计工作的效率和效果。建议通过立法或修订审计准则的形式，明确政府审计与注册会计师审计成果共享的具体情形、注意事项和特殊安排，既要加大两者之间成果共享的力度，又要避免出现责任不清、相互推诿的情况。

主要参考文献

中文部分：

1. 白景明：“以全过程预算绩效管理优化政府规划编制”，中国财经报网，2013 年 12 月。

2. 《关于在公共服务领域推广政府和社会资本合作模式指导意见》，国办发〔2015〕42 号，2015 年 5 月 19 日。

3. 《企业内部控制评价指引》，保监会财会〔2010〕11 号，2010 年 4 月 15 日。

4. 《财政支出绩效评价管理暂行办法》，财预〔2011〕285 号，2011 年 4 月 2 日。

5. 《关于推进预算绩效管理的指导意见》，财预〔2011〕416 号，2011 年 7 月 5 日。

6. 《政府会计准则——基本准则》，中华人民共和国财政部令第 78 号，2015 年 10 月 23 日。

7. 财政部会计司：“加快推进注册会计师行业人才队伍建设，培养造就具有国际认可度的注册会计师——《会计行业中长期人才发展规划》系列解读之五”，2015 年。

8. 财政部会计司、中国会计报社：《政府会计改革：理论与探索》，经济科学出版社 2015 年版。

9. 蔡春、朱荣、蔡利：“国家审计服务国家治理的理论分析与实现路径探讨——基于受托经济责任观的视角”，《审计研究》，2012 年第 1 期。

10. 陈毓圭：“关于注册会计师的能力提升”，全国注册会计师行业党员骨干进修班和北京中小执业机构主任领军班、专家型管理人才培训班联合课程，2014 年。

11. 陈毓圭：“论职业能力提升之道”，ACCA（特许公认会计师公会）北京年度峰会，2015 年。

12. 《中华人民共和国国家审计准则》，审计署令第 8 号，2010 年 9 月 1 日。

13. 胡象明：“关于公共部门的界定与公共管理学的研究范围”，《武汉大学学报：哲学社会科学版》，2001 年第 5 期。

14. 李明：“国家审计、政府治理效率与地方经济发展”，西南财经大学论文，2014 年。

15. 时现、李善波、徐印：“审计的本质、职能与政府审计责任研究——基于‘免疫系统’功能视角的分析”，《审计与经济研究》，2009 年第 3 期。

16. 韦德洪、杨海燕、覃智勇：“政府审计和财政资金安全运行的相关性研究——对中国审计年鉴数据进行统计分析的结论”，《商业会计》，2012 年第 5 期。

17. 杨环：“审计资源与审计效益研究”，西南大学论文，2011 年。

18. 应唯：“顺应政府会计改革新形势加强政府会计研究和人才培养”，《中国注册会计师》，2015 年第 10 期。

19. 袁敏：“雷曼事件中的审计问题剖析”，《中国注册会计师》，2011 年第 10 期。

20. 张倩：“我国政府审计与注册会计师审计资源整合的研究”，长沙理工大学论文，2013 年。

21. 《企业内部控制审计指引实施意见》，会协〔2011〕66 号，2011 年 10 月 11 日。

22. 《医院财务报表审计指引》，会协〔2011〕3 号，2011 年 1 月 14 日。

23. 《中国注册会计师胜任能力指南》，会协〔2007〕66 号，2007 年 10 月 11 日。

24. 中国注册会计师协会：《中国注册会计师执业准则 2010》，经济科学出版社 2010 年版。

25. 中国注册会计师协会：《中国注册会计师执业准则应用指南 2010》，经济科学出版社 2010 年版。

26.《行政事业单位内部控制规范（试行）》，财会〔2012〕21号，2012年11月29日。

27. 朱锦余：《审计（第2版）》，东北财经大学出版社2007年版。

英文部分：

1. Audit Act, Singapore.

2. Auditor-General Act 1997, Australia.

3. Des Pearson. 2014. Significant reforms in public sector audit-staying relevant in times of change and challenge. Journal of Accounting & Organizational Change.

4. Executive Office of the President. 2014. A-136 Revised Financial Reporting Requirements.

5. Federal Budget Code, Germany.

6. Felix Pomeranz. 1978. Public sector auditing: new opportunities for CPAs, The Journal of Accountancy.

7. Financial Administration Act, Canada.

8. Financial Procedure Act, Singapore.

9. GAO. 2011. Government Auditing Standards 2011 Revision.

10. Government Auditing Standards 2011 Revision, U. S. Government Accountability Office 2011 – 12.

11. "Guide to the Public Sector of Canada", Statistics Canada, 2008 – 9.

12. Local Audit and Accountability Act 2014, United Kingdom.

13. Public Governance, Performance and Accountability Act 2013, Australia.

14. Single Audit Act of 1984, United States.

15. The Auditing Practices Board U. K., 2010, Practice Note 10 (Revised), Audit of Financial Statements of Public Sector Bodies in the United Kingdom.

16. The Chief Financial Officer and Federal Financial Reform Act of 1990, United States.

17. The Further and Higher Education Act 1992, United States.

18. U. S. Government Accountability Office, 2011, Government Auditing Standards.

网站：

1. http://app. sgdi. gov. sg/index. asp.

2. http：//emma. msrb. org/Home.

3. http：//www. aasb. gov. au.

4. http：//www. ago. gov. sg.

5. http：//www. anao. gov. au.

6. http：//www. apak-aoc. de/index. php/en.

7. http：//www. audit-commission. gov. uk.

8. http：//www. frascanada. ca.

9. http：//www. gao. gov.

10. http：//www. investor. gov.

11. http：//www. jbaudit. go. jp/english.

12. http：//www. nao. org. uk.

13. http：//www. ons. gov. uk.

14. http：//www. psaa. co. uk.

15. https：//www. frc. org. uk.

16. https：//www. whitehouse. gov/omb.

后　记

经过8个多月的集体攻关和艰辛努力，财政部改革发展重大研究课题《公共部门注册会计师审计制度研究——基于政府财务报告审计的思考》终于如期完成并付梓。财政部党组成员、部长助理赵鸣骥高度重视、大力支持研究工作。全国人大常委、中国注册会计师协会会长冯淑萍十分关心研究工作并提出指导意见。中国注册会计师协会副会长兼秘书长陈毓圭、湖南省财政厅厅长郑建新、上海市财政局巡视员袁白薇、浙江省财政厅副厅长沈磊、湖南省财政厅总会计师胡良安、广西壮族自治区财政厅总会计师王代玉、重庆市财政局副局长祝轻舟、深圳市财政委员会机关党委书记温焕强等领导同志听取研究工作汇报并予以热情支持。中国财政经济出版社为编辑出版研究报告做了大量工作。在此，谨向各位领导、各有关单位和所有参与研究工作的同事、同仁们表示诚挚的谢意！

本研究报告由财政部会计司司长高一斌、副司长邵敏审定。财政部会计司注册会计师处处长王宏拟订研究框架并总纂统稿，注册会计师处韩冰、王晶、冯翠平、邱颖全程参与研究工作并协助统稿。研究报告概要由财政部会计司执笔，湖南省财政厅和天职国际会计师事务所（特殊普通合伙）参与起草；第一章第一节、第二节和第三章由上海市财政局和立信会计师事务所（特殊普通合伙）执笔；第一章第三节、第七章由浙江省财政厅和天健会计师事务所（特殊普通合伙）执笔；第二章、第八章由广西壮族自治区财政厅和普华永道中天会计师事务所（特殊普通合伙）执笔，中国注册会计师协会标准部参与第八章起草；第四章、第九章由深圳市财政委员会和大华会计师事务所（特殊普通合伙）执笔；第五章、第十章由重庆市财政局和信永中和会计师事务所（特殊普通合伙）执笔；第六章由湖南省财政厅和天职国际会计师事务所（特殊普通合伙）执笔。

限于时间和水平，本研究报告难免存在疏漏和不当之处，敬请业内同仁及各界读者批评指正。

财政部会计司联合研究组

2016 年 6 月